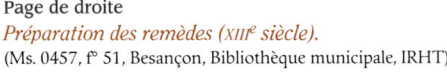

MICHÈLE BILIMOFF

Les remèdes du Moyen Age

Editions OUEST-FRANCE

Maiorana ꝯpl̄e cal̄ et ſic̄ i ʒ° El̄o parua mĩnuta iuuā͠tꝰ hi̅ adois̄ ꝯſꝰ ſꝟ fꝛ̄: et c̅ō
bꝛo Nocumentꝰ oclis̄ Kud eꝑiac ſanguíem acutū ꝯuen ſꝟk et ſp̅uſ ſetb̅ꝫ
hyeme · et antiq̄no a fꝛid reſtomb̅ꝫ·

Maioran · iſt warm vnnd truckē im dꝛitten grad · der klain woelriesende iſt der beſt · fuegt dem
kalten hirtzen vnnd magen · ſchadt den äugen · macht ſcharpſt geblüet · fuegt den feiſten kalte
allten · wintters vnnd herpſts zeitten · in kallten lannden ·

Sommaire

Page de gauche
Femme arrosant de la marjolaine.
**Outre ses qualités gustatives et digestives, la marjolaine
figurait dans la célèbre « Eau de la Reine de Hongrie »,
censée rajeunir la reine.**
(*Tacuinum sanitatis*, ms. Lat. 9333, f° 30 v° [XVᵉ siècle], BnF)

A droite
Bétoine.
Ses dons guérisseurs sont célébrés depuis l'Antiquité.
(*Les Grandes Heures d'Anne de Bretagne*, ms. Lat. 9474, f° 90, BnF)

Cy commence le septiesme liure du proprietaire au quel est traicte des maladies et
de leurs causes douleurs et signes. Et est le premier chapitre de la douleur du chief.

Dis que a layde de
dieu nous auons a
cōply le traicte des
proprietez q̃ sont en
hōme selon sa na-
ture et q̃ le gardent il
reste a dire des choses
qui luy aduiennent
contre sa nature et qui le destruisent et cor-
rompent. Ilz sont troys choses qui blessent
lōme et sa nature cestassauoir la cause de la
maladie et la maladie et les accidens qui
ensuiuent la maladie. La cause de la maladie est ce dont viēt la maulaise disposition du corps sicōme est maulaise cōple-
pion trop grāde repletiō et trop grāde vui-
               ladies. la maladie aussi est vne chose dont
Il vient mal ou corps sicōme est fieure et
apostume et leurs semblables. Laccident
qui sensuyt est la foiblesse qui demeure a-
pres la maladie sicōe la douleur du chief
et ses semblables. La bonne disposition
du corps est appellee sante pour laquelle
le corps de la personne est de telle comple-
pion quil fait franchemēt toutes les oeu-
ures de sa nature. et se nature chiet hors de
ceste atrepāce elle chiet de necessite en maladie car par la desatrepance et Inequalite
des humeurs viennent les maladies que
les phisiciēs appellēt maladies sēblables
sicōme fieures et ydropisie et leurs sēblables. de la maulaise disposition des membres viennēt les maladies q̄ on sēblables

Avant-propos

La longue période médiévale qui, en Occident, s'étend sur près d'un millénaire s'est peu à peu enrichie de connaissances, avec des phases contrastées d'essor et de stagnation. L'évolution de la médecine et des remèdes utilisés a elle aussi bénéficié des apports provenant aussi bien de l'Antiquité que des découvertes et des enseignements plus contemporains. Les écrits copiés, traduits, commentés par des moines, mais aussi par des savants de divers pays, ont permis d'échanger les savoirs. De nouveaux ingrédients s'ajoutent aux composantes des remèdes. Pourtant, malgré les progrès, des croyances ancestrales mêlant religions et magie persistent et viennent interférer dans les pratiques médicales.

Quel que soit le domaine de la santé dans lequel ils sont appelés à agir, les remèdes médiévaux restent donc pleins de paradoxes. Science, religion et magie, douceur et cruauté se conjuguent étroitement pour tenter de venir en aide à tous ceux souhaitant une vie meilleure. De plus, les moyens offerts ne sont pas les mêmes pour tous : la majeure partie de la population recourt à des remèdes transmis oralement au long des siècles – le plus souvent à base de plantes – ou, tout simplement, se fie à la force guérisseuse des saints ou des sorciers…

comme cela existe encore de nos jours. Les remèdes savamment élaborés prescrits par des médecins sont la plupart du temps réservés aux plus fortunés.

Les recettes de remèdes médiévaux parvenues jusqu'à nous proviennent de nombreuses sources, pas toujours très fiables en raison des multiples traductions, copies, ajouts… Les remèdes cités ici ont seulement pour but d'en évoquer l'étonnante diversité. Ils ne suivent pas une chronologie, qui reste trop floue, excepté pour des ingrédients à l'apport datable. Ils ne le sont pas non plus par composants (souvent mêlés) – ni même par maladies, traitées de multiples façons.

Le classement – arbitraire – choisi ici considère plutôt le degré de simplicité, d'innocuité et d'efficacité des remèdes. Il part de ceux souvent encore reconnus, venant d'une longue observation de la nature et (en général) inoffensifs, pour arriver à ceux dangereux, pénibles ou répugnants, qui nous semblent aujourd'hui plus proches du supplice que de la médecine !

Toutefois, « inoffensifs » ou pas, il serait totalement inconscient et dangereux de notre part de vouloir les utiliser. La plupart des remèdes cités dans cet ouvrage permettent, entre autres, de mesurer la chance que nous avons d'être secourus et conseillés par une médecine éclairée.

Page de gauche
Un patient entre un médecin et un apothicaire.
(*Livre des propriétés des choses* de Barthélemy l'Anglais, 1485)
© Bridgeman Giraudon

ESEHVLAPIO   YPOLRAT   AVICENA   RASIS   ARISTOTILE

SERAPIONE   GALIENO

GETNE //   = // diascoride // alberto.m. // =   -// MACER

La médecine

La très longue évolution de la médecine et de ses remèdes

Si une partie de la médecine médiévale dépend de la tradition orale, l'évolution d'une autre partie de cette médecine et de ses remèdes est beaucoup mieux connue de nous, grâce à de nombreux écrits. Au cours des siècles, médecins, savants, moines ou anonymes ont rédigé, compilé, traduit, commenté, les diverses connaissances médicales de leur temps. Ils sont évidemment nombreux, mais quelques-uns sont particulièrement éminents, car leurs apports ont contribué à la progression du savoir.

Les fondateurs de la médecine

Une partie des connaissances mondiales restera longtemps mal connue en Occident. Ce n'est qu'à partir de la fin du IXe siècle que peu à peu en apparaissent des éléments importants provenant de multiples sources et transmis principalement par des écrits, traduits, recopiés.

Admirée par les Grecs, la médecine égyptienne mêlant savoir, magie et religion se retrouvera dans la médecine occidentale pendant des millénaires malgré les progrès scientifiques. Les papyrus médicaux parvenus jusqu'à nous[1] sont les témoins de l'importance des connaissances médicales, mentionnant plus de 700 substances curatives, végétales, animales, mais aussi minérales, composant près de 1 000 remèdes[2] souvent associés à des incantations aux divers dieux et démons…

Hippocrate et Démocrite.
Le grand Hippocrate venant visiter son contemporain le philosophe Démocrite (ve siècle av. J.-C.). (*Hippocrate et Démocrite*, Peter Lastman, XVIIe siècle, Lille, Palais des Beaux-Arts) © RMN/Thierry Le Mage.

Page de gauche
Médecins célèbres. Galerie éclectique de quelques médecins célèbres, du légendaire Esculape/Asclépios, fils d'Apollon, à Albert le Grand (XIIIe siècle) et incluant des praticiens grecs, arabes, persans. (*Libro de componere herbe et fructi*, ms. Ital. 1108, f° 7 v° [XVIe siècle] BnF)

Pour l'Occident, l'influence de la médecine grecque sera longtemps perpétuée. Au Vᵉ siècle avant notre ère, Hippocrate, peut-être auteur du fameux « Serment » encore prêté par nos médecins, admirait les Égyptiens dont il reprit les formes médicamenteuses : pilules, pastilles, suppositoires, infusions, etc., mentionnées dans ses *Aphorismes* du *Corpus Hippocratum*. Les principes décrits dans ce *Corpus* et nommant les éléments et les humeurs du corps humain feront partie de l'enseignement médical jusqu'au XVIIIᵉ siècle et détermineront toute une branche de la médecine recherchant l'équilibre de ces humeurs.

Celse (Aulus Cornelius Celsus, v. 25 av.-50 apr. J.-C), médecin romain, est l'auteur de *De re medica*, précieux recueil de conseils et remèdes récapitulant et commentant les connaissances antérieures. Pline l'Ancien, au Iᵉʳ siècle de notre ère, n'est pas médecin, mais lui aussi compile (entre autres) dans son *Histoire naturelle* les remèdes connus ; ses œuvres sont copiées, diffusées pendant tout le Moyen Âge et la Renaissance. Contemporain de Pline, Dioscoride, médecin militaire grec, mais suivant et soignant les légions romaines, est l'auteur de *De materia medica*, important ouvrage concernant en particulier les plantes médicinales qu'il fait mieux connaître ou découvrir[3]. Au siècle suivant, Claude Galien (v. 131-201), Grec lui aussi, fut considéré à son époque et pendant des siècles comme l'un des plus importants praticiens de l'Antiquité, et comme le « *père de la pharmacie* » dite « *galénique*[4] ».

L'École d'Alexandrie, fondée vers 300 avant notre ère, améliore la connaissance de l'anatomie, grâce aux dissections humaines autorisées, et regroupe les enseignements médicaux pour nombre de siècles. Constantinople, après l'incendie d'Alexandrie, devient un centre médical important du IVᵉ au VIIᵉ siècle. Oribase (323-403) écrit une véritable encyclopédie médicale en 70 volumes. Alexandre de Tralles (526-605), médecin des armées, est l'auteur des *Douze livres de médecine*. Puis l'œuvre de Paul d'Égine (625-695), Grec ayant étudié la médecine à Alexandrie, est réunie en *Épitomés*, sept livres de médecine où, notamment dans le premier, il est beaucoup question d'alimentation et de régime.

Un jardin de simples.
Cette culture des « simples » en carrés soigneusement bordés s'est perpétuée jusqu'à nos jours.
© Site Chevalerie de Sacé, herbier vivant du Moyen Âge.

jardins de « simples », les *herbularii*, y mêlant prières et invocations aux saints. Cette médecine monacale, essentielle pour une grande partie de la population, persistera longtemps malgré l'interdiction faite, en 1220, aux ordres majeurs par le pape Honorius III d'exercer la médecine dans les couvents. Transposée dans le peuple et perpétuée oralement, cette médecine joignant aux plantes le recours aux forces divines a perduré jusqu'à nos jours, parallèlement à la médecine « officielle ».

Apports de médecines musulmanes, juives et autres

Les nestoriens, du nom du patriarche de Constantinople Nestorius, avaient été condamnés à l'exil en Perse par le concile d'Éphèse en 431, pour croyances non conformes aux dogmes chrétiens établis lors dudit concile. Vivant dans un monde musulman, les médecins nestoriens gardent leur langue grecque, mais apprennent l'arabe et traduisent en syriaque, au VIᵉ siècle, l'essentiel de leurs connaissances : *Summaria Alexandrinorum* reprend seize livres de Galien et quatre d'Hippocrate.

À la fin du Iᵉʳ millénaire, la médecine arabe recueille donc toutes ces traditions antiques, mais contribue elle aussi au progrès. De nombreux médecins arabes sont restés célèbres ; parmi eux, le Persan Rhazès (865-932), auteur, entre autres, de *Continens*[6], une encyclopédie médicale, et de *La Médecine des pauvres*[7] ; à la fois médecin et alchimiste, il introduit, comme nous le verrons, de nouvelles substances en pharmacie. Avicenne (980-1037), Persan lui aussi, philosophe, physicien, astronome, mais aussi médecin, est l'auteur du *Canon de la médecine*[8] qui, dans son cinquième volume, décrit 760 remèdes. Cet ouvrage, traduit en latin par Gérard de Crémone vers 1200, restera la base de l'enseignement médical jusqu'au XVIᵉ siècle.

Traduction de textes arabes
Le sultan de Tunis donnant l'Al-Hawi aux envoyés de Charles Iᵉʳ de Naples/ Charles Iᵉʳ remettant l'ouvrage à Faradj/Rhazès traduit par Faradj.
(*Havi seu continens,* ms. Lat. 6912, fᵒ 1 vᵒ [XIIIᵉ siècle] BnF)

La médecine monacale

Des siècles durant, ce sont principalement les moines qui, connaissant le grec et le latin, traduisent, transcrivent, une partie de ces enseignements. Les préceptes religieux comme ceux de saint Jacques ou de saint Matthieu, tels que « *guérissez les malades, ressuscitez les morts, purifiez les lépreux*[5]… », leur imposent de prendre soin des pauvres et des malades. La médecine pratiquée dans les couvents utilise surtout les plantes cultivées dans les

auicenna

ostendam uobis in isto primo libro de rebus niu sabilibus medicine tam theorice quam practice.

Salerne et les premières écoles de médecine

En Europe, au sud de l'Italie, où déjà le bénédictin Cassiodore, au VIᵉ siècle, recommandait aux moines : « apprenez les propriétés des simples et des remèdes composés », la célèbre École de Salerne est fondée vers la fin du Xᵉ siècle. Elle réunira toutes ces connaissances, provenant aussi bien de musulmans que de juifs ou de chrétiens, tels les bénédictins du Mont-Cassin, véritable centre d'études et de soins aux malades. Constantin l'Africain, grand voyageur, y passa la fin de sa vie, au XIᵉ siècle, traduisant en latin et commentant de nombreux ouvrages de médecine arabes, réunis sous le nom d'*Antidotaire des médicaments simples.* Platearius, médecin salernitain, écrit le *Circa instans,* livre de remèdes repris, augmenté, traduit, sous le nom de *Livre des simples médecines.* L'*Antidotaire Magnus* ou celui dit *Nicolas,* provenant aussi de Salerne

dans la première moitié du XIIᵉ siècle, constituent des recueils de remèdes qui resteront dans le Codex des Apothicaires pendant des siècles.

Cordoue, au XIᵉ siècle, connaît également de grands médecins, comme Abulcasis ou Al-Zahraw (936-1013), auteur d'une encyclopédie médicale de trente livres, *La Pratique*[9], qui auront une grande influence en Europe durant des siècles.

À partir du XIIᵉ siècle, les écoles de médecine se multiplient. Montpellier est la plus ancienne de France. Depuis longtemps réputée comme centre d'enseignement, elle est officiellement fondée en avril 1220 ; d'autres lui succèdent : Paris, Toulouse, Padoue, Bologne, etc.

Des médecins, comme Arnaud de Villeneuve (v. 1240-1311) – qui était aussi alchimiste et astrologue –, voyagent, traduisent, font connaître et commentent les remèdes venant d'autres pays. Les templiers, les croisés, contribuent eux aussi à la diffusion des connaissances.

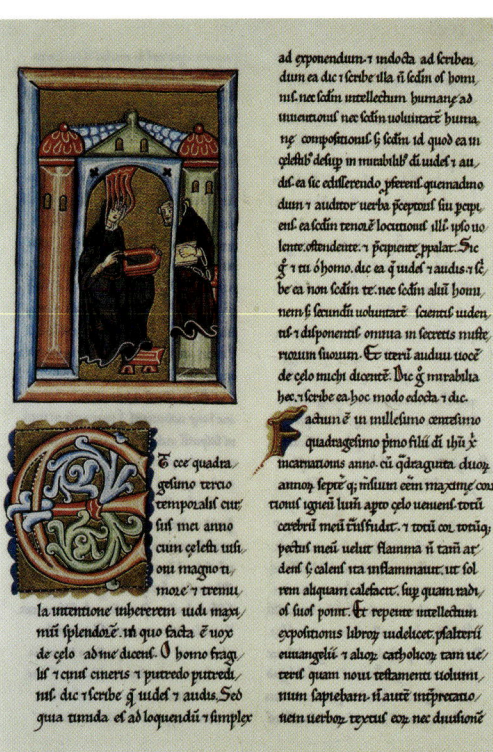

Médecine et religion

Vers le XIIIe siècle, des contestations mettant en doute l'utilité de la religion en médecine s'élèvent. Arnaud de Villeneuve écrit par exemple : « *Les œuvres de charité et les services que rend à l'humanité un bon et sage médecin sont préférables à tout ce que les prêtres appellent œuvres pies, aux prières et même au saint sacrifice de la messe* ». Ces contestations furent sévèrement réprimées et la religion resta très présente en médecine durant tout le Moyen Âge, malgré l'interdiction de soigner faite aux moines dès la fin du XIIe siècle. Cette étroite relation entre santé et religion persistera pourtant longtemps après le Moyen Âge. Au XVIIe siècle, l'évêque d'Autun écrivait : « *Pourquoi Dieu nous envoie-t-Il des maladies ? C'est pour mortifier notre corps et le rendre obéissant à l'Esprit*[10]. »

Les religieux – et même des saints, comme Hildegarde de Bingen ou Albert le Grand – conservent toujours un rôle important, tout en montrant la subsistance de l'ambiguïté science/magie. L'abbesse sainte Hildegarde a laissé un grand nombre de remèdes dans son *Livre des subtilités*, certains encore traduits et appliqués[11]. Pourtant, dans son introduction, elle indique : « *[...] si elles [certaines herbes] apaisent la plupart des maux, c'est que ceux-ci sont produits par les esprits mauvais et qu'elles les ont en horreur* », conception très proche de celle traduite dans les papyrus égyptiens, où les maladies sont produites par les démons et esprits mauvais, et vaincues par les remèdes – et les prières aux dieux. Saint Albert le Grand[12] (v. 1200-1280), savant dominicain enseignant à Cologne et à Paris[13], a lui aussi laissé (entre autres) un recueil de remèdes, *Grand Albert*, enrichi du *Petit Albert*[14], dans lequel coexistent, comme nous en verrons des exemples, science, religion, magie et ésotérisme.

À gauche
Portrait d'Hildegarde de Bingen.
Sainte Hildegarde recevant l'inspiration divine dicte son *Livre des visions* **à son secrétaire Volmar.**
(*Codex Scivias*, XIIe siècle)
© AKG-images

À droite
Hildegarde de Bingen,
carte postale illustrée, 1910.
© AKG-images

Page de droite
Saint Albert le Grand à sa table de travail.
(Peinture murale de Tommaso da Modena [XIIe siècle], Modène)
© AKG-images

Médecine savante et médecine populaire

Ce bref résumé de l'histoire d'une médecine millénaire, parfois mal connue, permet toutefois d'en entrevoir la richesse comme la disparité. Les multiples traductions et transpositions qui en sont faites faussent parfois le sens et même, pour ce qui nous concerne ici, le nom des ingrédients utilisés dans les remèdes. À côté d'une médecine établie qui, tant bien que mal, a fait ses preuves, cohabite une médecine hasardeuse, dangereuse, qui se reflète dans nombre de traitements et « médicaments » préconisés.

Dès la fin du XIᵉ siècle, l'apport d'ingrédients nouveaux, coûteux, provenant souvent de pays lointains, creuse de plus en plus l'écart entre les compositions élaborées pour les plus aisés et celles faites pour les « pauvres ». Des recueils de remèdes, comme *La Médecine des pauvres* de Rhazès au IXᵉ siècle, coexistent ensuite avec des Antidotaires aux recettes parfois exagérément onéreuses, tel le « Diamargariton » de Gilles de Corbeil au XIIᵉ siècle[15]. Cet écart entre les médecines « savantes » et « populaires » se retrouve jusqu'au XVIIIᵉ siècle où, à côté de remèdes préconisés par les médecins reconnus, l'on retrouve pratiquement les mêmes remèdes qu'aux siècles précédents, à base de plantes ou autres éléments aisément disponibles. Au début du XVIIIᵉ siècle, dans *La Médecine et la Chirurgie des pauvres*, l'auteur, le bénédictin dom Alexandre, indique, parlant de ses remèdes : « *On s'attend bien qu'étant composés d'éléments communs et même dégoûtants, ils seront méprisés et rejetés par les riches et par les personnes qui, affectant des airs de grandeur, même jusque dans l'usage des remèdes, n'estiment que ceux dans lesquels il n'entre que des drogues rares venues des Indes, et à grands frais.* »

Ci-dessus
Pharmacopée :
les serpents guérisseurs.
(*Livre de la thériaque*, ms. Arabe 2964, p. 5, [XIIᵉ siècle], BnF)

À gauche
Portrait du médecin Pietro d'Abano.
(Portrait par Juste de Gand [XVᵉ siècle], Paris, Musée du Louvre)
© RMN/Gérard Blot

Page de droite
Médecin prenant le pouls d'un malade.
(Ms. 334, f° 272 v° par Guy de Pavie [XIVᵉ siècle], Chantilly, Musée Condé) © RMN (Domaine de Chantilly)/René-Gabriel Ojéda.

PETR O APONO

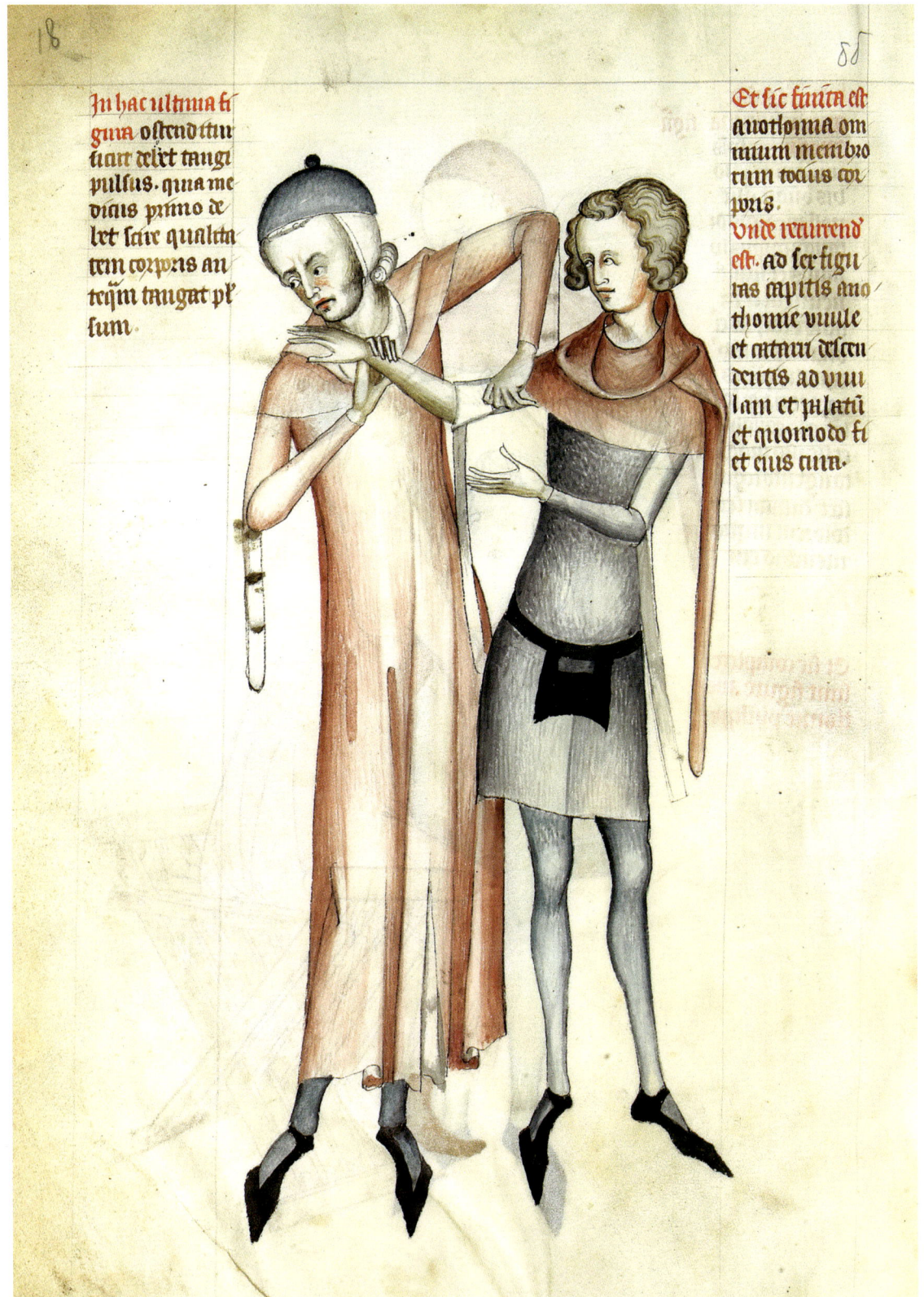

In hac ultima figura ostenditur qualiter debet tangi pulsus. quia medicus primo debet scire qualitatem corporis antequam tangat pulsum.

Et sic finita est anothomia omnium membrorum totius corporis.
Unde recurrendum est ad seriem figuras capitis anothomie vuule et catarii descendentis ad vuulam et palatum et quomodo fit et eius cura.

Des apothicaires-épiciers aux pharmaciens

Coûteux ou non, les traitements englobaient souvent, comme nous le verrons, des composants de plus en plus divers et compliqués au fil des siècles et des apports étrangers. Il fallait non seulement les conseiller aux malades, mais aussi les préparer.

La séparation entre médecin et préparateur de remèdes se fait peu à peu, de façon inégale selon les périodes et les endroits. Les ordres monastiques ayant

Apothicaire dans son échoppe **préparant une composition pharmaceutique sous le regard des patients.**
(Gravure sur bois par Hartmann Schopper, Francfort, 1558, Lyon)

récemment traduite. En 1353, un décret du roi Jean le Bon ordonne même « *que tout apothicaire et espiciers de Paris auront l'Antidotaire de Nicolas, corrigé*[17] ». Mais parallèlement commence l'emploi des ordonnances écrites par le médecin. Les apothicaires devaient les respecter à la lettre, ne pouvant substituer une drogue par une autre sans autorisation : « *quid pro quo* » devenu notre « quiproquo ».

L'influence de l'École de Salerne, puis des médecins formés dans les facultés ; l'interdiction faite aux moines, au cours de divers conciles, de soigner dans les couvents au préjudice du recueillement ; tout un ensemble de causes entraîne la séparation des deux professions. Mais les deux frères inséparables, Côme et Damien, respectivement saints patrons de la chirurgie et de la pharmacie, continueront toujours de symboliser l'indispensable union entre ces professions complémentaires.

Si, dans les campagnes, les remèdes continuent le plus souvent d'être préparés avec des éléments simples selon une longue tradition orale, il n'en est pas de même partout, notamment dans les villes. Les préparateurs deviennent peu à peu une corporation importante qui doit se procurer et intégrer dans les remèdes nombre d'ingrédients nouveaux, parfois compliqués à préparer, comme la fameuse thériaque ; bien connaître ces ingrédients et notamment les plantes ; et, de plus, lutter contre les charlatans et les empoisonneurs. À ce propos, Matthioli, au XVIe siècle, écrit dans ses *Commentaires sur les six livres de Dioscoride* : « *[...] les marchands qui achètent toutes denrées des étrangers, les falsifient en diverses sortes [...] et non seulement eux, mais aussi les marchands qui les apportent et plus encore les herboristes [...] tous ceux-là sont les premiers qui brouillent les médicaments et y font de la tromperie* ». Au cours des siècles suivants, la profession se structurera et nécessitera des études de plus en plus longues. L'*Encyclopédie* de d'Alembert au XVIIIe siècle,

pour mission de soigner les malades cultivent leurs plantes médicinales, consultent les Réceptaires, recueils de remèdes, et cumulent les fonctions de médecins et d'*apotecarius*. Les médecins laïcs, peu nombreux, préparent eux-mêmes leurs remèdes jusque vers la fin du XIIe siècle. Puis apparaissent les premiers préparateurs et vendeurs de remèdes appartenant à la corporation des « épiciers ». En 1321, les apothicaires de Paris devaient posséder – entre autres – l'*Antidotaire de Nicolas*[16] dans une version

Médecin et apothicaire.
(*Livre du Gouvernement des Princes* de Gilles de Rome, ms. Fr. 218, f° 111, BnF)

à propos des apothicaires, indique : « [...] on conçoit aisément qu'une bonne police a dû veiller à ce que cette branche de la médecine, qui consiste à composer des remèdes, ne fût confiée qu'à des gens de la capacité et de la probité desquels on s'assurât par des examens, des expériences, des chefs-d'œuvre [...] », nécessité qui deviendra de plus en plus contrôlée. Dès la fin du XVIIIe siècle, le terme « pharmacien » remplacera celui d'« apothicaire », et la création d'une faculté de Pharmacie garantira pour cette profession, au bout de longues études, une compétence et une rigueur souvent absentes au Moyen Âge.

La santé au Moyen Âge

Quelques principes de base de la médecine médiévale

Les « simples » – plantes d'abord utilisées seules – étaient par la suite souvent associés entre eux et/ou à d'autres ingrédients, animaux, minéraux, comme nous le verrons.

À droite
Capillaire.
Longues et fines, les feuilles du capillaire étaient préposées aux soins des cheveux.
(*Les Grandes Heures d'Anne de Bretagne,* ms. Lat. 9474, f° 236 v°, BnF)

Ci-contre
Pulmonaire
Les taches blanches sur les feuilles des pulmonaires pouvaient rappeler des poumons malades.
(*Les Grandes Heures d'Anne de Bretagne,* ms. Lat. 9474, f° 234 v°, BnF)

Une observation millénaire des propriétés de ces plantes, animaux ou minéraux avait permis de les utiliser pour soigner, embellir, le corps et la vie, bien avant que la science moderne ne vienne (ou non !) en confirmer le bien-fondé. Pour la santé, parmi les exemples les plus connus, l'écorce de saule ou la reine-des-prés étaient réputées calmantes et fébrifuges bien des siècles avant que – au XIXe siècle – l'acide acétylsalicylique en soit extrait puis transformé en aspirine.

La « théorie des analogies »

Cette théorie, prônée par les médecins grecs puis développée et formalisée par Paracelse en « théorie des signatures » au XVIe siècle, supposait qu'une ressemblance entre une plante et une partie du corps humain désignait sa capacité à le soigner : « Capillaire » pour les cheveux, « Pulmonaire » pour les maladies des poumons, « Physalis » pour la vessie, etc., ou que les plantes à dominante jaune soignaient le foie et la bile, et celles à dominante rouge, les maladies du sang, les plaies. Si certaines de ces constatations sont encore vérifiées par la médecine moderne, d'autres sont abandonnées depuis longtemps, étant donné leur inefficacité ou, au contraire, leur danger.

21

« Les quatre humeurs »

Hippocrate avait déjà établi l'importance de l'équilibre des humeurs du corps humain : bile jaune, bile noire, sang, lymphe. Leur déséquilibre, à l'origine de nombreuses maladies, était déterminé, entre autres, par l'examen de l'urine, du pouls, etc. Pour compenser les déficiences ou les excès de ces humeurs, il fallait utiliser des plantes – ou autres éléments – ayant un effet contraire. Tout comme pour nos médicaments actuels,

cet équilibre exigeait un choix des ingrédients et une posologie précis. Mais cette précision restait empirique et dépendait de l'opinion des praticiens – parfois très divergente, d'autres critères venant s'ajouter à cette complexité et cette imprécision. Les quatre humeurs corporelles correspondaient respectivement aux quatre éléments : la bile jaune, au feu – chaud et sec – ; la bile noire, à la terre – froide et sèche – ; la lymphe, à l'eau – humide et froide – et le sang, à l'air

Les éléments et les humeurs.
(*Livre des propriétés des choses,*
ms. Fr. 135, f° 91, BnF)

– humide et chaud. Il fallait donc que les remèdes proposés compensent les carences, mais ni trop ni trop peu !

Le *Circa instans*, ou *Livre des simples médecines*, dans lequel sont consignés par Platearius les connaissances et les remèdes de la célèbre École de médecine de Salerne[18] (Xᵉ-XIIᵉ), le montre à plusieurs reprises. Par exemple, « *les cornichons sont plus froids que les concombres, c'est-à-dire à la fin du deuxième*

degré. Ils engendrent un flegme gros et nuisent aux nerfs de l'estomac [...]. » Il ne fallait donc pas se tromper ! Ou, à propos de l'oignon, en citant divers auteurs : cette Liliacée, pour Ysaac[19], est « *chaude au 4ᵉ degré et humide au 3ᵉ. L'oignon prédispose à la folie, à cause de ses émanations malsaines qui, remontant de l'estomac, s'emparent du cerveau* » ; et pour Avicenne « *l'oignon est chaud au 3ᵉ degré et humide au 2ᵉ. Sa substance est visqueuse,*

Les éléments et les humeurs.
Les quatre éléments se retrouvent dans les parties du corps humain.
(*Livre des propriétés des choses*, ms. Fr. 134, fᵒ 37, BnF)

astringente et vénéneuse ». Mais Dioscoride *« et bien d'autres auteurs de médecine ne disent pas que l'oignon est si mauvais et ne sont pas d'accord avec ce qui vient d'être dit »* ! Pour Platearius, prudent, l'oignon, *« chaud et sec au 3e degré »,* ne devait pas être consommé cru ni en grande quantité par les patients, surtout *« sanguins »,* car *« il peut nuire à la vue et aussi au corps si l'on en* use sans mesure ; il engendre la lèpre, l'apoplexie et bien d'autres maux » ! Mais, bien cuits, *« ils lâchent le ventre, donnent de l'appétit, chaleur au corps et amincissent ».*

Pour clore cette « bataille » de médecins antiques, il faut ajouter que, selon les modernes phytothérapeutes[20], l'oignon (diurétique) serait efficace… cru !

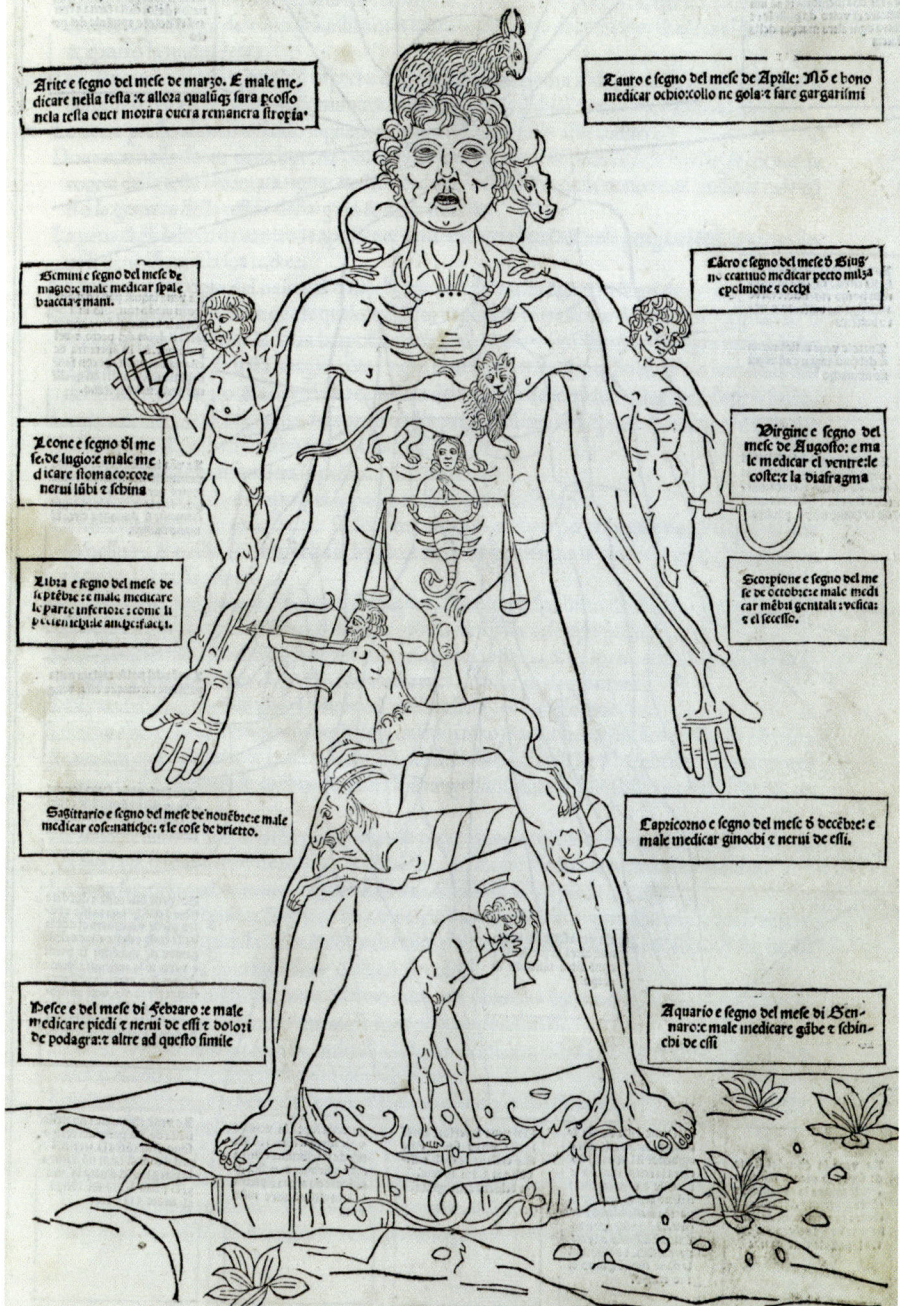

Planètes, signes du zodiaque

Sans entrer dans le détail complexe de ces appartenances, il faut ajouter que chaque élément était dominé par une ou des planètes et des signes du zodiaque. C'est pourquoi l'époque idéale de cueillette des plantes était établie avec précision, en accord avec les planètes tutélaires[21] et, le plus souvent aussi, selon des heures bien précises. Cette exigence devait être le fruit d'une longue observation et se trouve en accord avec celle des botanistes actuels. P. Lieutaghi, par exemple, écrit : « *La sève, sang du végétal, n'est pas seulement soumise aux rythmes saisonniers bien connus, mais aussi à d'importantes fluctuations journalières.* »

Prières, rites et magie…

S'y ajoutait souvent une pratique d'origine très lointaine puisque nous la retrouvons dans des papyrus égyptiens[22] et des textes grecs ou latins[23], qui consistait à adjoindre des prières (ou des menaces) adressées aux divinités et démons, puis, au Moyen Âge, à Dieu et aux saints, ou à la plante elle-même. Illustrant la continuité de cette pratique par-delà les siècles, nous retrouvons, par exemple, presque textuellement une prière rituelle pour la cueillette de la bétoine citée dans un traité du pseudo-Antonius Musa[24] au Ier siècle avant notre ère, et également dans le *Circa instans* de Platearius au XIIe siècle. La précarité des connaissances devait donc souvent être étayée par des forces cachées, religieuses ou magiques, capables d'aider à la guérison ou à l'obtention des résultats souhaités.

À gauche
Renoncule scélérate.
(*Les Grandes Heures d'Anne de Bretagne*, ms. Lat. 9474, f° 43, BnF)

Page de droite
Cigüe.
Une redoutable « Simple ».
(*De herbis*, ms. Lat. 6823, f° 39 v°
[XIVe siècle], BnF)

… et contestations

Il faut ajouter que parfois les praticiens eux-mêmes étaient dubitatifs quant à l'efficacité de certaines recettes et méfiants (à juste titre) à l'égard de certaines plantes. Le sage Platearius met en garde contre l'ellébore blanc ou vératre (alcaloïde toxique et difficile à manier) : « *Les Anciens en usaient communément dans leurs médecines ; les corps étaient bien plus robustes qu'ils ne le sont aujourd'hui, si bien qu'ils pouvaient soutenir la violence des effets de l'ellébore. Ceux d'aujourd'hui ne le pourraient pas.* » Ou, à propos de la cigüe : « *Nous ne l'utilisons point pour les médecines à prendre à l'intérieur, car elle est vénéneuse. Elle divise tellement les esprits du corps qu'elle entraîne la mort. Les Anciens en usaient, il est vrai, dans leur médecine, mais ils étaient bien plus robustes que les gens d'aujourd'hui.* » Ou encore, au sujet de la renoncule scélérate qui, en soignant la rate – pour guérir la mélancolie –, « *fait mourir l'homme par trop de rire* » et « *moi, Platearius, ai vu par expérience qu'elle faisait grande lésion chez ceux qui la prenaient, et, pour cette raison, je n'approuve pas qu'on la prenne intérieurement ou même extérieurement sous forme d'emplâtre*[25] ».

liuo2ez exqtunxiet ul' alio m factu dū recēs ⁊ pl'
us ei ſbtil' cū cera adigneɜ bn̄ ꝉfectus certuɜ
ē remediū. ꟃ freqntr uſu cimini ſit diſcolo
ratio.

uirtutez: ht potiſſimā ſeɜ radicē.-ſ foliū minoɜ
-ſ ſen̄ ſit⁊ ⁊ ſiccei. ūn̄ ſen̄ eı̄ qſiqz polın̄ ɪmediās
ꟃ ultıū ſtylenıſ tal' ſit uſ.-tota ꞇ herba iaceto
ꝓnaꞇ cū ꟳɜ ſ. armoͥacı ꝓ.uiiɜ. dıes.-x̄. dıe bul̄
lıaꞇ adıgneɜ quᷝ lev̄e reſolutū fuerit armonı
acı ꝑᷓ coletur ꝓ pānū forte. illa lıquoroſı
taſ ınteɜuū adıgneɜ bullıa bn̄ ⁊addıta cerͦa et
oleo fıa uıꝺ̄gt⁊.-h̄ ē ungtū cıcute.- ꟃ ſ̄ ꞇ ꝑenē
potıſſimū ⁊ ꟃ dura apoſtᵉata ꟃ apoſtᵉata
ꝺcoqᷓᷤ ꞇ uıno poſtea pıſtet cū axᷓıgıa.- ⁊ ꝓat
ſup apᷓẽa q̄ huiū ⁊ ceꝑıllet doloꞃeɜ.- ꟃ aſma ꝺ
coquaꞇ ın aqua ⁊ cataplet an̄ ⁊ꞃetro acᷓgᷓ
las ſupıuſ uſqᷓ ad gulaɜ artheıcaɜ ⁊ euᷓ epıl̄
tıū teſte oꝰtɜ.- ꟃ arth ⁊ podagͣrā ꝺcoqıatᷓᷤ
radıces ın̄ paſta ꝑᷓ fıſſe ꝑmedıū. ꝓnaꞇ ſup
arth.- certıſſımū remedıū ē.- ꟃ ylıa cā paſ
ſtᷓaguꞃ ⁊ dıſſuꞃ. fcā ꝺꞃectıoẽ eı̄ ꞇ uıno fortı et
olō. loca dolentıa catapleẽt.- ꟃ ad euᷓatez mū
dıfıcādꝏ ex fᷓꝰbu-. ⁊ gluctınoſıs.- ⁊ mıſtͣua ꝓ
ıeuᷓıanda fıaꞇ ſometıı cruıno ꞇaꞇ ſalſa ꝺᷓoͦn̄
onıs euı.- ꟃ ſcrofulas ſiccas-ꞇꝺᷓ uſu ꝺıͦoͦe
tıcaꞇ hᷓbarū ſıꟃ cataplaꞇ cū duabᷓꝫ ꝑ⁊ılꝫ ꝏauᷓt̄
uıuıa ꝺebıloſe

⟨A⟩RUEA. cā ⁊ ſıc.i. iiɜ. gͣū. alıo noıe
dʸᷓ comoſ. teſte oꝰtɜ. uirtutez: h̄t diſ
ſoluendı ꝺ̄etlendı ꝏ̄ſumedı. ea nō utımuꞃ
ı̄ ınterıoͥ̄zꝫ qᷓ uenenoſa ē ⁊ı ſuꞃ ⁊ q̄lıtatıbᷓꝫ
ſuıſ dıſſoluıe eı̄ an̄ qᷓ ſpᷓıuſ ıanııtuɜ-exqᷓrū
ıanıtıone media moͥtıfıcāꞇ.-an̄ıꞇꞃ aut ın
medıcıꝰ ꝓnebᷓaꞇ. qᷓ tuꞇe coͥpoꞃa euᷓaꞇ foͥtıa

⟨C⟩ROCUS oͥıentaꞇ. cā ⁊ ſıc.i. ꝓmo gͣradı
Qiſ̄de croꞇe dı̄ oͥıetale qᷓɜı oͥıente cꞃeſcaꞇ
ı̄ medıcanıſ nō uoᷓnıcaᷓꞇ poꞇ. cū florеſ ꝓ
ducaꞇ ı̄ medıo fleꞃeɜ-tꞃes ul' quatuoꞃ floꞃeꝫ

FAMOSO·DOCTOR   PARESELSVS.

Il faudra attendre jusqu'au début du XVIᵉ siècle pour qu'un médecin s'élève contre cette « Théorie des Humeurs » : en 1527, Paracelse, nommé à la chaire de médecine à Bâle, déclare : « *et maintenant tous ensemble, allons jeter au feu purificateur les élucubrations livresques de Galien et d'Avicenne* »… sans toutefois parvenir à les éliminer !

Malgré toutes ces incertitudes et tous ces dangers, l'observation et l'expérience avaient souvent permis de choisir, parmi les divers ingrédients, ceux qui pouvaient le mieux aider les malades. Nous en retrouvons encore pour les mêmes (ou d'autres) utilisations dans notre pharmacopée, alors que d'autres ont prouvé leur nocivité, certains d'entre eux de façon particulièrement redoutable, voire mortelle.

Santé, régime et cuisine

« *Des trois parties de la médecine, la plus difficile et en même temps la plus relevée étant celle qui guérit par le régime, c'est par elle qu'il convient de commencer* » écrivait Celsius (Celse), médecin romain[26].

L'étroite relation entre la médecine et l'alimentation, pour rétablir et conserver la santé, est connue et prônée depuis des millénaires. Hérodote, au Ve siècle avant notre ère, écrivait à propos des Égyptiens : « [...] *ils ont dans l'idée que toutes nos maladies proviennent de la nourriture absorbée*[27] ». Si cette affirmation n'est que partiellement vraie, les médecins, de tout temps et jusqu'à nos jours, en ont tenu compte.

Repas des noces d'Arus et de la fille d'Olivier (XVe siècle).
(*Histoire d'Olivier de Castille*, ms. Fr. 12574, f° 181 v°, BnF)

Banquet
bourguignon
(XVᵉ siècle).
Berlin, Kunstbibliothek
© BPK, Berlin,
Dist. RMN

Celsius, insistant sur l'importance de l'alimentation dans le bon équilibre et la santé, précise : « *Les aliments et les boissons sont non seulement les secours ordinaires de toutes les maladies, mais encore de la santé ; il importe par conséquent de bien connaître leurs propriétés.* » Au IVᵉ siècle, plusieurs volumes de l'œuvre d'Oribase sont consacrés aux aliments, traitant de leur importance pour garder ou rétablir le bon équilibre de la santé. Six siècles

plus tard, le Persan Rhazès écrivait, dans sa *Médecine des pauvres* : « *Si le patient peut être guéri par le régime, éviter les médicaments* » et prônait la nécessité de la « *modération en mangeant et en buvant* ».

Durant toute la période médiévale, cette « partie de la médecine » est restée très importante. Les aliments étaient soigneusement choisis (dans la mesure du possible !) en fonction de nombreux critères, comme la période de l'année, l'âge du patient, son tempérament et ses problèmes de santé. La qualité et la quantité des humeurs composant le corps dépendaient de la nourriture, laquelle devait donc en tenir compte. Il n'était pas question, par exemple, de donner à des colériques des aliments ou des aromates chauds et secs à des degrés élevés – comme le poivre ou l'oignon –, profitables en revanche aux flegmatiques ; « les herbes[28] », généralement froides et humides, étaient consommées de préférence au printemps pour compenser les nourritures hivernales. La composition des médicaments tenait compte bien sûr de ces critères, mais certains aliments à eux seuls pouvaient suffire, crus ou cuits selon des cas bien déterminés.

Repas de paysans.
(*Le dit du Lion,* par Guillaume de Machaut, ms. Fr. 22645, f° 72 [XIVe siècle], BnF)

Le beurre

Jusque vers le XVIe siècle, le beurre était plutôt consommé par le peuple et peu apprécié dans la cuisine des nobles. De plus, il faisait partie des aliments interdits par l'Église pendant les jours « maigres » : vendredi, carême, etc., soit plus de 100 jours par an !

En revanche, le beurre était considéré comme un véritable médicament « *contre la toux sèche, les empêchements du souffle, pour les phtisiques et autres personnes consommées et asséchées par la maladie, ajouter du beurre à tous les aliments ou le donner à manger dans du pain chaud* ». Ysaac dit du beurre « *qu'il convient aux plaies du poumon, du diaphragme et de la poitrine, car il purifie et adoucit tout en mûrissant les plaies* ».

Butirum.

io. nature. c. 4. b. meli' erco de lacte pecorino. Iuuamentu couert supfluitates pulmonis granatis per frigiditate a sicitate. nocumentum. aberrat stomacu resiono nocurita. cu reb3 stipticis.

Vente du beurre. Moins noble que l'huile, le beurre était un médicament apprécié.
(*Tacuinum sanitatis*, Nouv. Acq. Lat. 1673, f° 58 [XIVᵉ siècle], BnF)

Les céréales

Toutes les sortes de céréales, blés, orge, seigle, avoine, constituaient l'élément essentiel de la nourriture, sous la forme de pain, mais aussi de bouillies, de gâteaux. Le froment et autres variétés de blé étaient les plus appréciés non seulement comme nourriture, mais aussi comme de véritables médicaments.

Pour une variété de blé, l'épeautre « *qui est la meilleure céréale ; il est chaud, gras, vigoureux et plus aimable que toutes les autres céréales* », sainte Hildegarde indique qu'« *il donne à celui qui le mange bonne chair et bon sang, humeur*

joyeuse et pensées humaines. Quelle que soit la façon dont on le mange, sous forme de pain ou cuit autrement, l'épeautre est bon et doux. » Elle ajoute que, « *pour qui est faible au point de ne plus rien manger* », il suffit d'absorber les grains entiers cuits et mélangés à un jaune d'œuf « *et il sera guéri intérieurement comme par un baume salutaire* ».

Les « herbes »

Les salades, « *ces légumes qui n'exigent pas de feu et économisent le bois* » (P.)[29], les herbes aromatiques ou les épices utilisées dans des aliments étaient souvent préconisées, mais devaient être cultivées. « *Les herbes qui poussent simplement, sans travail de l'homme, brusquement à la hâte comme des bêtes sauvages, ne sont pas bonnes pour la nourriture de l'homme* », disait ainsi Hildegarde de Bingen.

Récolte des laitues, « plante des eunuques » calmante grâce au latex contenu dans sa tige, le lactucarium.
(*Tacuinum sanitatis*, ms. Lat. 9333, f° 26 [XVe siècle], BnF)

Parmi les salades, la laitue était appréciée pour les propriétés calmantes du suc blanc contenu dans sa tige, le *lactucarium*. Moins actif, mais moins dangereux que l'opium, ce suc apaisant, utile « pour ceux qui voulaient garder leur chasteté » ou l'excès de nervosité, est toujours utilisé dans ces buts. Mais il servait aussi à soigner brûlures, morsures, etc.

Les herbes aromatiques cultivées dans les jardins de simples entraient dans de nombreuses médecines, mais leurs vertus trouvaient également leur utilité dans l'alimentation.

« *On fait des sauces excellentes avec le persil domestique : l'herbe cuite avec les aliments en facilite la digestion tout en éliminant du ventre les ventosités.* »

« *Pour faire revenir l'appétit, perdu à cause d'humeurs froides, faire une sauce de menthe avec du vinaigre et un peu de cannelle ou de poivre.* » (Pl.)

Ou, selon Hildegarde de Bingen : « *Une personne dont la chair est sans force, de sorte qu'elle produit des éruptions et des croûtes, mangera souvent, cuit avec la viande ou les légumes, du serpolet et la chair de son corps sera guérie et purifiée de l'intérieur.* »

« *Manger de la chicorée sauvage vaut contre tout venin dû à une morsure.* » (Pl.)

« *La poudre de marjolaine, donnée avec les aliments, réchauffe l'estomac et conforte la digestion.* » (Pl.)

Ou encore : « *L'aneth conforte l'estomac et le cerveau, mâché seul ou avec les aliments.* » Pourtant, Hildegarde de Bingen affirme au contraire : « *De quelque manière qu'on le prenne, il rend l'homme triste. Cru, il ne vaut rien à manger* ». Mais, en revanche : « *Qui mange à jeun du fenouil ou son fruit voit diminuer grâce à sa bonne chaleur et à ses forces nobles, les mauvaises humeurs et la putréfaction ; la mauvaise haleine disparaît et les yeux s'éclaircissent.* » (H.)

Aneth.
Très controversée, l'aneth était aussi appréciée depuis les Égyptiens et faisait même l'objet d'un impôt dans l'Antiquité.
(*Les Grandes Heures d'Anne de Bretagne,* ms. Lat. 9474, f° 233 v°, BnF)

Les légumes

L'oignon, nous l'avons vu, était très controversé, mais néanmoins consommé. Il en était de même pour l'ail : « *Les Anciens donnaient de l'ail cru aux fous, et Dioclès, bouilli, aux frénétiques* », selon Pline. L'ail était préconisé comme remède dans de nombreuses maladies : peste[30], hypertension, rage, empoisonnement, etc., à tel point qu'il avait été surnommé « thériaque des paysans[31] ». Il est vrai que l'ail était « *un mets dont les vilains usent souvent et les nobles guère* ». Ses multiples qualités sont toujours reconnues de nos jours, mais son utilisation médicinale, « *réfrénée par l'exubérance et la ténacité de ses effluves[32]* ».

Les légumes, peu appréciés, étaient en tout cas bien cuits, car soupçonnés sinon de provoquer des troubles et non pas de soigner. Ainsi en était-il des *porées*, par exemple, à base de choux et de poireaux, longuement cuits pour ne pas « *provoquer une fumée noire qui monte à la tête, donne la mélancolie et obscurcit la vue* ». Comme pour d'autres aliments, les opinions concernant le chou pouvaient cependant fortement différer : « *froid et humide* » pour Hildegarde, ou « *froid et sec* » pour Platearius, « *le chou ne laisse pas d'avoir un grand nombre de vertus salutaires* ». Suivant Caton, « *les Romains l'employèrent comme médicament pendant six cents ans* », selon Macer Floridus, au Xe siècle ; ou, au contraire, il « *blesse les entrailles fragiles […] le chou est nocif à ceux qui sont gras […] s'ils en mangent, leur chair leur fait autant de mal qu'aux gens malades* » (H.). Après cuisson – et éventuelle dégustation –, le chou était doté de multiples vertus ; ainsi, il prévenait l'ivresse ou en dissipait les suites ; certaines étaient pour le moins bizarres : Pline, citant Caton, prescrit « *de conserver l'urine de celui qui a mangé du chou, disant que, chauffée, elle est un remède pour les nerfs […] et […] si on lave les petits enfants avec cette urine, ils ne deviennent jamais débiles* » !

Le poireau exigeait également des pré-cautions, selon Platearius : « *Le poireau n'est point bon comme nourriture, car il nuit à l'estomac en y provoquant des gonflements et des ventosités […] ou bien alors, il faudra cuire le poireau et le laver deux fois avant de le manger* ». Mais il ajoute : « *Bien qu'il ne convienne pas du tout à l'alimentation, le poireau est utilisable en médecine parce que, mangé cru, il nettoie les conduits du pou-mon des grosses humeurs et débouche le foie.* »

Selon Pline[33], les asperges passent « *pour un des aliments les meilleurs pour l'estomac. Du moins avec addition de cumin ; elles dissipent les flatuosités de l'estomac et du colon ; elles éclair-cissent aussi la vue, relâchent doucement le ventre et sont bonnes pour les douleurs de la poitrine et*

Récolte des choux.
Les chous étaient consommés « *à condition de les faire cuire plus longtemps qu'aucun autre potage, sur un feu très fort* », nous dit le *Mesnagier de Paris* au XIVe siècle.
(*Tacuinum sanitatis*, ms. Lat. 9333, f° 20 [XVe siècle], BnF)

de l'épine dorsale » ; et il ajoute qu'elles « *sont aphrodisiaques* » ! Platearius, onze siècles après Pline, précise que « *si on les cuit avec de la viande ou avec de l'eau, elles valent contre l'obstruction du foie ou de la rate, contre tout empêchement d'urine, contre les dou-leurs d'estomac ou des boyaux et contre les dou-leurs iliaques* ».

La blette aussi était recommandée, « *sur-tout comme aliment. Elle nourrit bien et bonifie le sang. Quand on la cuit avec une viande grasse, elle lâche merveilleusement.* » (H.)

Récolte des asperges.
Légumes printaniers, le plus souvent sauvages, les asperges venaient à point pour purifier l'organisme après les lourdes nourritures hivernales.
(*Tacuinum sanitatis*, ms. Lat. 9333, f° 23 v° [XVᵉ siècle], BnF)

Pour les champignons, le jugement pouvait être plus sévère. Selon l'École de Salerne, « *les champignons sont froids et humides au 2ᵉ degré. Il y a deux sortes de champignons : les uns font mourir ceux qui les mangent et les autres ont une forte humidité grasse et gluante qui les rend impropres à la digestion, donc dangereux. Il est bien d'éviter complètement d'en manger.* » Mais si par hasard on se risquait à manger un champignon vénéneux, le remède n'était pas agréable non plus : « *Manger des poires et boire du nitre*[34] *avec de l'huile, ou de la cendre avec du vinaigre.* »

Coloquinte.
(Les Grandes Heures d'Anne de Bretagne, ms. Lat. 9474, f° 161, BnF)

Certaines olives en revanche étaient conseillées, les vertes notamment, censées « *conforter l'estomac et serrer le ventre* », mais elles ne devaient pas être conservées dans le sel, car « *elles acquièrent une chaleur qui enflamme le sang, nuit aux nerfs de l'estomac en le brûlant* » ! Conservées dans le vinaigre, « *elles sont plus subtiles et fines. Elles éteignent l'âpreté et la chaleur de l'humeur colérique, tout en confortant l'appétit, surtout quand on les mange au milieu du repas ; elles facilitent la digestion et rendent le ventre ferme.* »

Les olives noires « *sont bonnes pour les usages médicaux, broyées et posées sur les endroits ébouillantés ou brûlés par le feu, en réduisent les cloques* » (Pl.).

Quant à la coloquinte, il suffisait (selon Pline) d'y ajouter un peu de sel pour dissiper les maux de dents ; ou du vinaigre pour « *raffermir les dents branlantes* ». Et, selon le même auteur, si l'on avait pris la précaution d'en réserver les graines, « *portées en nombre pair dans un linge, elles guérissent, dit-on, les fièvres que les Grecs nomment « périodiques ».*

Champignons.
Peu appréciés, entourés de méfiance, il valait mieux les éviter.
(Fungorum genera e species, recueil de dessins [XVIᵉ siècle], ms. 970, f° 61, Paris, Bibliothèque de l'Institut) © RMN (Institut de France)/René-Gabriel Ojéda

Page de droite
Olivier.
(Muséum national d'histoire naturelle, Estampe, Dist. RMN)

Pl. 215. *Olivier d'Europe.* Olea europæa L.

Les fruits

Les fruits étaient rarement conseillés crus, mais ils entraient dans de nombreuses préparations, les figues et le raisin en particulier.

Les figues « *se composent de semences, peau et moelle. La semence ne nourrit pas plus que caillou ou pierre. L'écorce est très sèche, comme le cuir, et bien dure à digérer ; la moelle est la partie la plus nourrissante. Dioscoride dit qu'elle éteint la chaleur superflue, supprime la soif et provoque la sueur* ». Mais Platearius précise : « *Les figues et les raisins nourrissent, mais rendent la chair plus enflée que ferme.* »

Pour les coings, l'*Antidotaire Nicolas*, entre autres, donne une recette dite du « Diacydonium » « *qui conforte la digestion et est excellent pour les convalescents* ». Il fallait cuire dans de l'eau les coings épluchés et épépinés, les passer au crible, puis les mélanger à du miel en quantités égales. Le tout était cuit ensuite jusqu'à ce « *qu'un peu mis sur une pierre puisse se détacher* ».

Les poires crues n'avaient pas, elles non plus, bonne réputation. Au contraire, cuites « *en purée, avec du fenouil et du miel* », selon la recette du *Mesnagier de Paris*, mais aussi de sainte Hildegarde, elles deviennent (selon cette dernière) « *l'électuaire le plus excellent, plus précieux que l'or pur, car il ôte la migraine, annihile toutes les mauvaises humeurs imaginables, comme l'eau de vaisselle essuie les plats* ». C'est, en tout cas, un remède agréable.

Récolte des châtaignes.
Les châtaignes étaient particulièrement appréciées pour leurs vertus nutritives et médicinales.
(*Tacuinum sanitatis*, ms. Lat. 9333, f° 14 [XVᵉ siècle], BnF)

Nature morte aux raisins et aux figues.
Peinture attribuée à Giuseppe Ruoppolo (fin XVIIᵉ siècle), Musée du Louvre, Paris
© RMN/Gérard Blot.

Pour Oribase, les pêches, les abricots et « *tous les fruits d'été sont d'un tempérament humide qui se corrompt dans l'estomac, à moins que cet inconvénient ne soit prévenu par leur descente rapide, c'est pour cette raison qu'il faut les manger avant les autres mets* ». Mais pour Platearius, les abricots étaient tout simplement à éviter : « *Ils provoquent la fièvre et sont mauvais de quelque manière qu'on les prenne.* »

Alexandre de Tralles, dans son *De arte medicinae*[35], recommande les châtaignes et les raisins secs à la fin du repas et ajoute : « *Si je voulais déclarer les vertus des châtaignes, il m'en faudrait faire un livre entier* » ! Dans son *Livre des subtilités*, Hildegarde de Bingen confirme, six siècles plus tard, en citant maintes fois les châtaignes, « *celui qui souffre du cœur, de sorte que la force de son cœur ne fait aucun progrès, et qui devient triste mangera souvent les châtaignes crues et cela versera en quelque sorte un émail dans son cœur, et il recouvrera force et joie de vivre* » ; ou : « *celui dont le cerveau s'est vidé […] et qui en tombe malade, fera cuire dans l'eau l'amande du fruit, sans aucun autre additif […] et mangera souvent les châtaignes avant et après le repas et son cerveau se rétablira ; ses maux de tête le quitteront* », ou encore « *quand le foie fait mal, pilonne souvent la châtaigne et mets-la dans le miel. Manges-en souvent et ton foie se guérira* ».

Si les divers aliments étaient capables d'agir sur la santé, dans certains cas, simplement en les consommant, ils servaient aussi, unis à d'autres éléments et préparations, à créer les remèdes pour une « *autre partie de la médecine* » dont parle Celsus.

Les remèdes

Les recettes de remèdes médiévaux sont innombrables et extrêmement variées dans leur composition. Parfois tentantes (avec prudence !) par leur douceur et leur simplicité, quelquefois même, toujours utilisées ; d'autres, plus compliquées, mêlent les ingrédients et les préparations. Certaines aussi sont malheureusement dangereuses, pénibles jusqu'à la cruauté, et ont dû être la cause d'aggravation des maux et de décès.

Page de gauche
Pharmacie : plantes médicinales.
Un médecin choisit des herbes
dans un jardin de simples au Moyen Âge.
(Enluminure, v. 1400. Illustration du *Roman de la Rose*)
© AKG-images.

A droite
Sauge Sclarée.
Une des variétés de cette « vedette »
parmi les plantes médicinales.
(Les Grandes Heures d'Anne de Bretagne,
ms. Lat. 9 474, f° 233, BnF)

Des remèdes faciles

« *Le meilleur traitement est celui qui procure le résultat escompté par les moyens les plus simples* » écrivait Arnaud de Villeneuve.

Tout comme de nos jours, les remèdes ou les recettes plus ou moins magiques étaient surtout à base de plantes. « *Honneur aux [plantes] laides, aux sans-fleurs, aux grisâtres, à tous les visages revêches des décombres et de la jachère : mieux que le lis et la rose, ils ont veillé à la survie des hommes*[36] » et même « *il n'est pas une plante sur terre qui ne puisse servir à soigner une partie du corps humain* », écrivait Paracelse, médecin et botaniste du XVIe siècle.

Pendant des siècles, les jardins de plantes médicinales furent cultivés, en particulier par les moines qui, surtout jusque vers la fin du XIIe siècle, soignaient les malades. Les médecins laïcs n'étaient pas très nombreux et leurs soins, surtout réservés aux plus aisés. La plus grande partie de la population se soignait grâce à des remèdes aux formules transmises oralement. Certaines de ces recettes étaient utilisées, il n'y a pas si longtemps encore, dans notre pays, ou sont même parvenues jusqu'à nous, souvent modifiées, complétées, selon les progrès de la science, comme en témoignent un grand nombre d'ouvrages de phytothérapie[37]. De même que les moines, ces médecins utilisaient surtout des plantes, y compris celles « *des décombres et des jachères* ». Les produits exotiques, les épices, tous ces ingrédients coûteux étaient exclus des remèdes pour une grande partie de la population tandis que les plantes « *sont des plus utiles à la campagne où l'on est presque toujours dénué des secours qu'on trouve dans les villes* ». Platearius, dans son *Liber iste*, indique parfois deux variantes pour ses remèdes : l'une pour les riches et l'autre pour les pauvres.

Les propriétés des plantes sont désormais bien connues et nombre d'entre elles, utilisées avec profit sous diverses formes. Au Moyen Âge, les connaissances n'étaient pas aussi solides et reposaient surtout sur la ressemblance de plantes avec des parties du corps ou sur leur attribution, par exemple, à un saint guérisseur.

Certains d'entre eux ont traversé les siècles, comme la **chélidoine**, qui guérit (parfois) cors et verrues simplement en les frottant avec son suc jaune[38], sans qu'il soit besoin de « *jeter la plante par-dessus son épaule, sans se retourner* », ou comme le **plantain**, toujours aussi efficace contre les piqûres d'orties ou d'insectes.

Et si « *respirer par le nez des roses sèches conforte le cerveau et le cœur et fait revenir les esprits* » (Pl.) ou asperger d'eau de **rose** les personnes évanouies pour les ranimer n'est peut-être pas suffisant, cela reste plutôt agréable.

Ci-dessus
Femme évanouie ranimée par aspersion d'eau de roses.
La fée Mélusine, maudite par son époux Raimondin, est ici ranimée par la bienfaisante eau de rose.
(ms. Fr. 24383, f° 24 v°, BnF)

Page de gauche
Morceau de prairie
dit la « Grande touffe d'herbes » où ces modestes plantes : achillées, pissenlits, graminées, sont honorées par Dürer comme elles le sont toujours en médecine.
Aquarelle d'Albrecht Dürer (1503), Mus. Albertina, Vienne © AKG-images.

Quelques remèdes... tout « simples »

Ces remèdes n'utilisaient qu'une seule sorte de plante par préparation et leurs bienfaits concernaient un grand nombre de maladies ou de souffrances. Peut-être pas toujours efficaces, ces remèdes à base de plantes étaient faciles à fabriquer et généralement sans danger pour le patient.

Plantain, « mauvaise herbe » pourtant associée à Mars, dieu guerrier, utilisée dans un très grand nombre de remèdes... et même consommée en légume et salade.
(Les Grandes Heures d'Anne de Bretagne, ms. Lat. 9474, f° 132, BnF)

Fabrication de l'eau de roses.
(*Tacuinum sanitatis*, ms. Lat. 9333, f° 90 [xvᵉ siècle], BnF)

Réglisse.
(Muséum national d'histoire naturelle, Estampe, Dist. RMN)

REGLISSE.

Turpin P.   Lambert J.ᵉ sculp.

Nous retrouvons certaines de ces plantes, bien connues, dans des domaines très divers :

La **réglisse**, toujours très appréciée, était recommandée par sainte Hildegarde : ainsi, « *la manger souvent profite particulièrement aux personnes déchaînées, car elle éteint la rage qui est dans leur cerveau* » et de plus « *elle donne à celui qui la mange une voix claire, et rend son consommateur joyeux dès qu'il l'a mangée. Elle éclaircit ses yeux et oblige son estomac à activer la digestion* ». Cette plante a fait l'objet d'études qui auraient tendance à lui donner raison[39]. Mais ce remède simple et agréable est hypertenseur à fortes doses et doit donc être pris modérément.

Si la sauge n'est plus aussi universelle, elle reste malgré tout reconnue bienfaisante dans bien des cas : antiseptique, astringente, efficace contre les maux de gorge, etc. Une herboriste moderne[40] indique même avoir vu un nouveau-né, « *sur le point de passer* » et abandonné par la médecine, être soigné avec « *une forte infusion de sauge* » donnée par cuillerées à café toutes les cinq minutes, et atteste : « *Je ne crains pas de vous l'affirmer, car je l'ai vu, ce que d'aucuns peuvent appeler le miracle… l'enfant a recouvré la santé* » ! Malgré ces « miracles », Pierre Lieutaghi[41] – qui reconnaît aussi des vertus à la sauge – précise toutefois : « *L'essence de sauge est très toxique : deux cuillerées à café peuvent tuer un homme.* »

Pour la menthe, sainte Hildegarde conseillait : « *Celui qui, pour avoir trop mangé ou trop bu, a l'estomac lourd et en devient poussif consommera abondamment de la menthe, crue ou cuite* », et pour les mêmes raisons nous apprécions toujours sa tisane. Si « *manier de la menthe dissipe la lassitude physique* » (P.) nous paraît un peu optimiste, cela se rapproche pourtant du remède d'un médecin du XIXe siècle[42] : « *Elle [la menthe] fortifie tout le système des nerfs, donnant la vigueur aux uns pour se mouvoir, l'acuité aux autres pour sentir, mais non pour souffrir.* »

Au Moyen Âge, la sauge était investie à tel point de dons, qu'un axiome de Salerne disait : « *Pourquoi mourir si l'on a de la sauge dans son jardin ¿* », en ajoutant toutefois que « *rien n'est plus fort que la mort* ». Plus optimiste : « *Celui qui veut vivre à jamais doit manger la sauge en mai* » et, bien sûr, les remèdes utilisant de la sauge étaient très nombreux. Par exemple, si l'on souffrait des membres inférieurs : « *En cas de douleurs aux pieds et aux jambes, et en cas de nerfs contractés, oindre souvent le patient de jus de sauge sclarée. Cela soulage merveilleusement.* » Ou bien : « *Contre la douleur des membres due à des coups ou des chutes, chauffer de la sauge sur une tuile et appliquer sans ajouter quoi que ce soit.* » (Pl.).

A droite
Menthe et mauve
fidèlement médicinales.
© Pierre Lemonnier

Ci-dessous
Verveine.
Dans l'Antiquité, la verveine était une « Herbe sacrée » consacrée à Vénus et longtemps considérée comme magique.
(Bibliothèque centrale des Vélins, XVIIIe siècle) © Muséum national d'histoire naturelle, Dist. RMN.

Les **mauves** étaient supposées pleines de pouvoir : « *La plus grande des merveilles qu'on raconte sur les mauves, c'est que celui qui boira chaque jour un demi-cyathe[43] du suc d'une quelconque d'entre elles sera exempt de toutes les maladies.* » Si les mauves ne sont malheureusement plus capables de tels exploits, il en reste encore quelques bienfaits reconnus, elles sont adoucissantes ; ou, comme le cite H. Leclerc : « *Martial conseille un*

mélange de laitue et de mauve à Phoebus, un de ses contemporains, dont le visage attristé traduisait une irréductible constipation. » Ou encore, dans des cas plus graves : si par malheur on s'était fait mordre par un chien enragé, « *broyer des feuilles de* **verveine,** *appliquer en emplâtre : c'est un très bon remède* » (Pl.). Il faut ajouter que l'on attribuait à cette « *herbe sacrée* » des vertus exagérées. On pouvait aussi « *poser sur la morsure de la racine de* **bardane** *broyée avec un peu de sel* ». Heureusement, nous disposons maintenant de remèdes plus efficaces, mais H. Leclerc indique que « *les larges feuilles de la plante se prêtent aussi à des usages externes qu'on ne saurait passer sous silence : écrasées et appliquées sur les morsures de vipère, elles produisent d'heureux effets [...] elles modifient par oxydation les principes constitutifs du venin[44]* ».

Enfin, certains remèdes simples ne donnent pourtant pas envie de les essayer :

En cas de saignements de nez gênants, il était conseillé d'utiliser « *la guède broyée, sur les tempes, qui diminue les saignements de nez et les arrête merveilleusement* » (Pl.), l'inconvénient de ce traitement étant le pouvoir colorant, en bleu, de la **guède** (pastel), qui devait donner un aspect surprenant au malade. Ainsi, selon Jules César[45], les Gaulois utilisaient la guède pour se rendre plus effrayants, origine, paraît-il, de notre expression « *une peur bleue* ».

La **jusquiame**, toxique et volontiers sorcière par ailleurs, servait aussi en médecine, comme la sauge, pour les douleurs des jambes : « *Pour les podagres*[46], *lier des feuilles fraîches de jusquiame sur les pieds. Ce sera merveilleusement efficace* » (Platearius et Dioscoride)… à condition de bien se laver les mains ! Pour le même mal, une recette d'Albert le Grand utilise cette fois la racine de jusquiame : « *Sa racine est fort bonne pour la goutte si, après l'avoir pilée, on la met sur l'endroit où l'on sent la douleur* » ;

Jusquiame.
La jusquiame était déjà citée dans Homère comme la dangereuse plante de Circé, magicienne.
(*Livre des simples médecines*, ms. Fr. 12322, f° 159, BnF)

Chuue fumelle — Chuue male.

Chanvres.
Mâle et femelle, souvent intervertis autrefois, les chanvres très peu utilisés en médecine étaient toutefois reconnus calmants... et euphorisants.
(Les Grandes heures d'Anne de Bretagne, ms. Lat. 9474, f° 88 et 90 v°, BnF)

il précise toutefois : « surtout sous la domination des signes qui ont des pieds, par exemple le Bélier, le Taureau, ou qui dominent dessus, comme les Poissons qui dominent sur les pieds ». Toujours avec la jusquiame, Albert le Grand indique un remède encore plus prometteur, car « *la racine de jusquiame mise sur les ulcères les enlève et empêche qu'il ne vienne, dans l'endroit où étaient ces ulcères, aucune inflammation* », et même « *si on la porte sur soi avant qu'on n'ait eu aucun ulcère ou apostème, il n'y en viendra point* ». Si la médecine a partiellement réhabilité la jusquiame, liée durant le Moyen Âge aux pratiques de sorcellerie à cause de ses propriétés hallucinogènes, cette plante reste dangereuse... À laisser aux spécialistes !

Les doutes sur l'efficacité de certains autres remèdes « simples » proposés sont plus grands : « *Là où sur le corps humain naissent des nœuds ou si une partie du membre se recroqueville* », il suffisait pourtant « *d'appliquer tout autour de l'*armoise *broyée et on frottera cet endroit avec son jus et cela ira mieux* » (H.). Malgré tout le pouvoir que l'on attribuait à cette plante cueillie au moment du solstice d'été, elle est surtout utilisée maintenant pour des problèmes spécifiquement féminins[47]... et encore, à petite dose : « *à dose trop élevée, elle peut causer des intoxications très graves, voire mortelles* », selon H. Leclerc.

Enfin, simples, mais curieux : « *Contre les glaucomes, on mâchait des graines de* cumin *et on soufflait son haleine sur les yeux du malade.* » (P.). Ou, peu tentant : « *Le suc du chanvre fait sortir des oreilles les vers et toutes les bestioles qui ont pu y entrer, mais en provoquant des maux de tête, beaucoup de médecins en sont d'accord, dont Dioscoride.* » (P.).

Le plus simple des remèdes étant, bien sûr, celui préconisé par un médecin toulousain, Augier Ferrier, lors d'une épidémie de peste en 1522 : la « Pilule aux trois adverbes : s'enfuir vite, aller loin, revenir tard » !

Des plantes apaisantes

Pour avoir un sommeil paisible, plusieurs plantes étaient conseillées :

La bétoine, censée par ailleurs guérir 47 maladies, se chargeait aussi du sommeil : « *Qui est habituellement torturé par les mauvais rêves prendra de la bétoine sur soi en allant se coucher et pendant son sommeil, et il remarquera qu'il est moins sujet aux fantasmagories des rêves* », nous dit sainte Hildegarde. Ce remède « magique » s'explique peut-être par la présence d'une substance volatile narcotique actuellement en cours d'étude. Pour ses autres vertus, « *la bétoine a connu la gloire des panacées et sans doute a-t-elle contribué* bien involontairement *à des guérisons, quand la confiance du malade était à la mesure de la maladie*[48] » (l'effet « placebo » est souvent efficace !). Mais actuellement, la bétoine est dépossédée de ses multiples vertus et n'est plus utilisée qu'en externe (dans du vin) contre les plaies et les ulcères[49].

Pour chasser les rêves, Pline recommande aussi « *de l'anis, attaché à l'oreiller, de façon à être respiré en dormant* ». Le romarin était lui aussi recommandé pour « *chasser les mauvais rêves* », simplement en le plaçant sous son lit. Le romarin faisait d'ailleurs partie de ces plantes capables de soigner, calmer, embellir, comme l'enseigne le *Traité du Romarin*[50].

Esculape découvrant la bétoine.
Cette croyance persistait dans la prière prononcée au moment de la cueillette de cette plante, elle aussi considérée magique.
(*Traité sur la bétoine*, ms. Lat. 6862, f° 18 v°, BnF)

L'aigremoine, le gaillet, la morelle douce-amère (sans les baies, toxiques), la laitue (qui en outre devait faire tomber la fièvre), ou le romarin, bien sûr, selon ce que l'on avait sous la main, garantissaient eux aussi un sommeil réparateur, simplement en les mettant sous ou dans l'oreiller. Le romarin est plutôt considéré de nos jours comme stimulant, contrairement à la laitue,

Ci-contre
Gaillet « croisette »
Ses qualités sédatives sont toujours reconnues.
(Les Grandes Heures d'Anne de Bretagne, ms. Lat. 9474, f° 133 v°, BnF)

A droite
Morelle douce-amère
appelée aussi autrefois « herbe à la pierre ».
(Les Grandes Heures d'Anne de Bretagne, ms. Lat. 9474, f° 59, BnF)

apaisante. Pour faire de beaux rêves, les heureux habitants du Sud pouvaient suspendre de la lavande dans leur chambre.

Si, avant de dormir, on se sentait un peu fiévreux, on pouvait utiliser (outre la laitue) de la coriandre : « *Certains pensent qu'il est efficace de mettre de la coriandre verte sous l'oreiller avant le lever du soleil pour guérir les fièvres.* » (P.). La coriandre était pourtant très controversée et même, selon certains auteurs, « *capable de rendre muet et de faire délirer* ». Ce qui est (un peu) vrai, paraît-il, pour son essence. Ses petites feuilles se contentent pour nous de parfumer les plats.

Cette fois, « *en cas de fièvre aiguë* », pour faire dormir le malade « *lui laver les pieds d'eau chaude où l'on aura cuit de la mauve* » ou « *des feuilles de* violette » et « *contre une grande chaleur due à la fièvre, poser des feuilles de bardane sur le patient et la fièvre tombera* ».

Et enfin, « *feuilles et branches de saule dans une chambre rafraîchissent l'air qui entoure les personnes atteintes de fièvre* » (Pl.), avec peut-être aussi une décoction d'écorce de saule remplaçant notre aspirine.

Ci-contre
Menthe pouliot.
Membre de la vaste famille
des Menthes, elle est une
des plus parfumées parmi
les menthes sauvages.
*(Les Grandes Heures d'Anne de
Bretagne,* ms. Lat. 9474, f° 144 v°,
BnF)

À gauche
Menthe aquatique
qui pouvait aussi
« refroidir les entrailles
trop chaudes ainsi que
leurs graisses » (H).
*(Les Grandes Heures d'Anne de
Bretagne,* ms. Lat. 9474, f° 84 v°,
BnF)

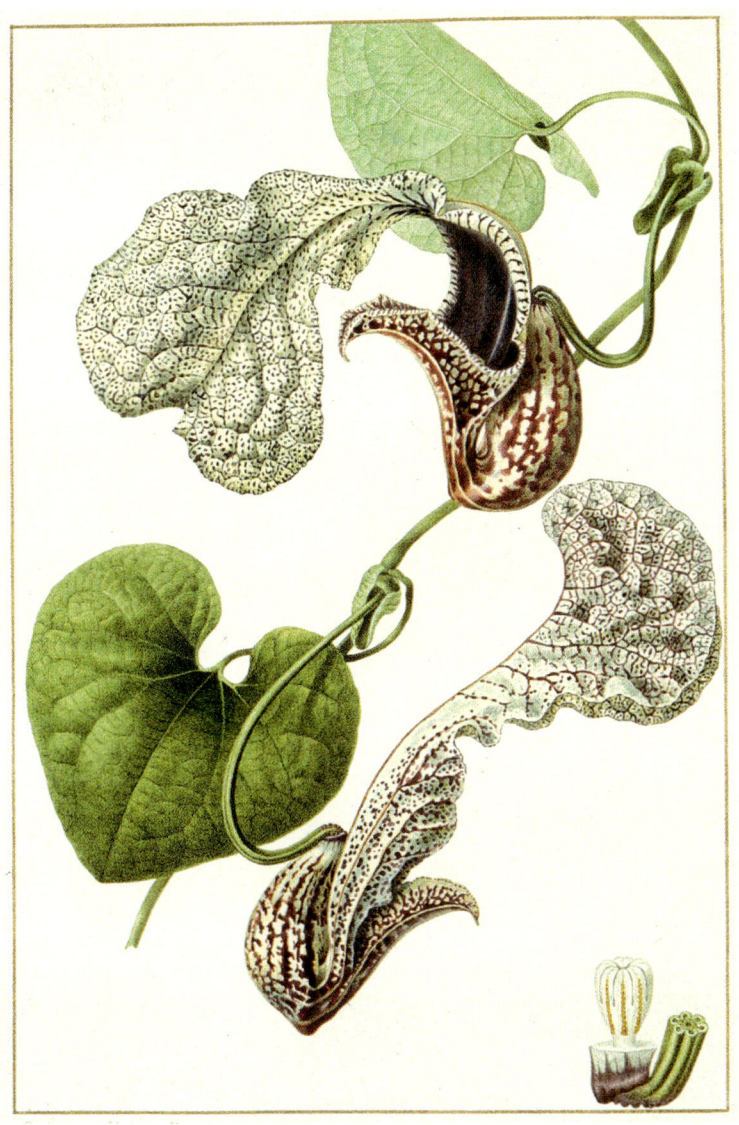

Et si l'on avait mal à la tête, le plus simple des remèdes, selon Dioscoride, consistait à attacher de la menthe aquatique sur le front et les tempes. Si le mal de tête était dû à un « *coup de soleil* », Dioscoride préconisait la même plante : frotter les « *taches du visage causées par le soleil avec de la menthe aquatique* ».

Pour les rages de dents qui, elles aussi, peuvent empêcher de dormir, plusieurs remèdes simples étaient proposés : « *Le pourpier mâché cru guérit les ulcérations de la bouche et l'enflure des gencives ainsi que les maux de dents. Il consolide les dents branlantes* », et en plus « *raffermit la voix et désaltère* ». Ou de la racine de guimauve « *mise autour de la dent douloureuse jusqu'à ce que la douleur cesse* » ; et « *si la joue est enflée, y faire un emplâtre de feuilles de plantain. Cela fait merveille* » (Pl.).

Pour bien dormir, il était préférable que les enfants dorment bien aussi. Dans ce but, il pouvait suffire de mettre de la fougère (reconnue aujourd'hui vermifuge à défaut de calmante) ou de la tanaisie, dans ou sous leur lit. La tanaisie était supposée pleine de dons[52] : « *C'est chose presque impossible à croire que toutes les vertus que possède cette plante.* » (Pl.). Elle partageait avec l'aristoloche la réputation d'être protectrice des enfants. Pour plus d'efficacité, l'une ou l'autre de ces plantes devait être brûlée sous leur berceau. Si tout se passait bien, la tanaisie pouvait « *rendre un enfant gai et beau* » et, pour l'aristoloche, Platearius assurait : « *Cela le ramènera à la santé, car l'aristoloche chasse toute diablerie et tout tourment et tout mal.* »

Les menthes, toujours très utilisées, cumulaient les bienfaits. Selon Varron[51], outre le sommeil, « *une couronne de [menthe] Pouliot mérite de figurer dans nos chambres, car on dit qu'il soulage les maux de tête et même on rapporte que, respiré, il protège contre les injures du froid et de la chaleur, et contre la soif, et que ceux qui portent au soleil deux branches de Pouliot attachées aux oreilles ne souffrent pas de la chaleur* » ce qui laisse dubitatif !

Des remèdes pour préserver la santé en protégeant et en embellissant la vie...

La façon de se nourrir était reconnue comme importante pour aider à conserver la santé, mais le calme et le bien-être pouvaient l'être tout autant. Le rôle protecteur envers les humains et leur entourage était une des facettes – magique – des plantes par ailleurs guérisseuses.

Les plantes dites « solaires » étaient les premières à assumer ces rôles très souvent liés. À la fois protectrices et médicinales, elles étaient cueillies la nuit de la Saint-Jean-Baptiste pour cumuler la force solaire et la protection du saint.

Par exemple, l'**armoise** (dédiée dans l'Antiquité à Arthémis/Diane) était dite « herbe de la Saint-Jean » en souvenir de ce saint qui, selon la légende s'en était fait une ceinture protectrice lorsqu'il était dans le désert. Elle était dotée de nombreux pouvoirs autres que médicaux : « *De l'armoise mise sous l'huis d'une maison fait que ni homme, ni femme ne pourront nuire à cette maison* » (Pl.) ; ou, selon Albert le Grand : « *Celui qui porte sur lui de cette herbe ne craint point les mauvais esprits, ni le poison, ni le feu, rien ne peut lui nuire.* » Et de plus, selon le même auteur, « *si on fait cuire de l'armoise et qu'on s'en lave les pieds, on ne se lassera jamais* ».

D'autres plantes solaires jouaient aussi ce rôle protecteur, comme le **mille-pertuis**, la fougère ou le **fenouil** jugés capables de protéger les maisons dans lesquelles ils étaient suspendus. Ces plantes n'étaient bien sûr pas les seules.

Armoise.
« Couronne de saint Jean », « Herbe aux cent goûts », elle garde dans certaines régions sa réputation protectrice.
(Bibliothèque centrale des Vélins) © Muséum national d'histoire naturelle, Dist. RMN.

Joubarbe.
Plante de Jupiter,
« protégeant de l'orage et du
feu », elle sert encore parfois
à calmer les échauffements
cutanés superficiels.
*(Les Grandes Heures d'Anne de
Bretagne, ms. Lat. 9474, f° 87,
BnF)*

La **joubarbe**, qui figurait au *Capitulaire
de Villis* de Charlemagne, devait protéger
les maisons contre l'orage, mais elle avait
bien d'autres dons : « *Celui qui se frotte les
mains avec le jus de la joubarbe devient insensible
à la douleur, même lorsqu'il prend dans les mains
du fer embrasé.* » (A. G.) – mais qui ne donnent pas envie de les essayer…

« *Cueilli au mois d'août, pendant que le soleil
est dans le signe du Lion, l'***héliotrope*** enveloppé
dans une feuille de* **laurier**, *porté sur soi : personne
ne pourra dire du mal de celui qui le porte, ni lui
nuire par médisance : au contraire, on n'en dira
que du bien.* » (P.).

« *Certains disent que quiconque portera de
l'***aspérule*** [herbe de vigne] sur lui sera préservé
de toute diablerie et que la mettre sous la porte de
sa maison en garde tous les habitants. Mais il n'est
pas damné celui qui ne le croit point.* » (Pl.).

« *Les mages disent que ceux qui s'enduisent
du suc de la plante entière de* **chicorée** *avec de
l'huile s'attirent plus de faveurs et obtiennent plus
facilement ce qu'ils désirent.* » (P.).

Les **asperges**, nourriture bénéfique
comme nous l'avons vu, étaient aussi un
peu magiques : « *Pour ceux qui sont enchantés
et ensorcelés, cueillir cette herbe [le feuillage de l'as-
perge] et se rendre à une fontaine, asperger le
malade de l'eau de cette fontaine à l'aide de cette
herbe : il sera guéri.* » (Pl.).

Mais, parmi toutes ces plantes, l'une était
particulièrement indiquée pour faciliter la
vie : la verveine. Pour Albert le Grand, « *les
enfants qui porteront sur eux de la verveine seront
bien élevés et aimeront la science, ils seront éveillés
et de bonne humeur* »… ce qui encouragerait à
en planter plein le jardin, mais « *à condition de
cueillir la verveine depuis le 23e jour de la Lune jusqu'au 30e, en commençant par Mercure* ».

Toujours selon le même auteur, cette verveine (souvent employée en magie) avait une autre propriété : « *Si on veut se faire aimer d'un homme ou d'une femme, on se frottera les mains du jus de verveine et ensuite on touchera celui qu'on veut amouracher.* » Recette qui était peut-être efficace (¿), car Platearius indique lui aussi : « *Pour avoir l'amour d'un homme, oins-toi les mains de jus de verveine, puis en touche celui dont tu veux être aimée.* »

Recette en tout cas moins contraignante (et peu appétissante) que celle – toujours du *Grand Albert* – préconisant, pour un même résultat « *de hacher la verveine avec des vers et de la consommer mélangée à de la viande* » ! Mais aussi : « *Contre les serpents et les bêtes venimeuses, quiconque portera de la verveine à la main ou s'en fera une ceinture en sera protégé.* » (Pl.).

Enfin, avec cette plante supposée vraiment bienfaisante : « *Pour rendre gais et joyeux des convives, prendre quatre feuilles et quatre racines de verveine et les cuire dans du vin, puis asperger l'endroit où le repas doit avoir lieu.* » Le même résultat, selon John Gerard

(XVIᵉ siècle), pouvait être obtenu avec des fleurs de **bourrache** cuites dans le vin « *qui ôtent toute mélancolie* ».

Si l'on ne pouvait pas se souvenir de toutes ces recettes, il suffisait de mâcher de la bourrache pour retrouver la mémoire… et, pour garder cette mémoire, « *selon de nombreux sages, il convient de manger souvent de la buglosse, cueillie en juin-juillet* ». Malheureusement, cette vertu semble oubliée maintenant par les deux plantes.

Remèdes faciles…
mais exigeant un peu de travail

Les remèdes précédents consistaient à utiliser des plantes sans grande préparation préalable. D'autres remèdes restaient simples, mais nécessitaient un petit effort !

Chauffage ou cuisson

Il pouvait être recommandé de chauffer ou de faire bouillir les plantes pour renforcer leur efficacité dans des domaines très divers :

Les plantes bouillies, ou seulement chauffées, étaient fréquemment utilisées, dans de petits sachets ou simplement posées sur l'endroit malade.

Si le malade s'était enrhumé et avait pris froid : « *Mettre sur sa tête un sachet rempli de menthe. On aura soin de chauffer ce sachet et de l'appliquer chaud.* » (Pl.). Le lierre terrestre, bouilli et posé chaud sur la tête, pouvait, paraît-il, guérir les maux de tête et d'oreilles. Et même, selon Dioscoride et Pline, « *la rave appliquée chaude guérit les engelures et dissipe le froid aux pieds* ».

Pour les maux d'estomac et les digestions pénibles, des fleurs de souci, bouillies et mises en cataplasme sur l'estomac, devaient « *évacuer le poison absorbé* », des feuilles et des fleurs de marjolaine dans un petit sachet jouant le même rôle.

Souci Calendula.
Médicinal, décoratif, comestible…, le souci Calendula est un peu magique.
(*Les Grandes Heures d'Anne de Bretagne*, ms. lat. 9474, f° 33, BnF)

Buglosse.
De la même famille que la bourrache, elle aussi a perdu ses pouvoirs « mnémoniques ».
(*Les Grandes Heures d'Anne de Bretagne*, ms. Lat. 9474, f° 134, BnF)

Les céréales étaient réputées pleines de vertus, consommées, mais aussi en médecine. Avec de l'orge, « *une personne qui est sans force, amaigrie, fera cuire l'orge dans l'eau à gros bouillons, versera cette eau dans un tonneau et s'y baignera. Elle fera cela souvent, jusqu'à ce qu'elle recouvre la santé et que son corps se remplisse à nouveau de chair* » (H.). Une fois cuite, l'orge pouvait aussi servir en cataplasmes contre les ecchymoses, la gourme, ou même en tisane « *qui donne bonne et claire vue à ceux qui ont le cerveau sain* » (P.).

À gauche
Bouillon-blanc.
Le bouillon-blanc était aussi utilisé pour lutter contre les affections pulmonaires.
© L. Girre

Pour celui qui souffrait d'un autre mal pénible : « *Contre les hémorroïdes, cuire de l'arum avec du bouillon-blanc dans de l'eau. Mettre ces herbes cuites et encore chaudes dans un petit sachet sur lequel il s'assoira.* » Pour le même mal, Guy de Chauliac[53] indique deux recettes selon les saisons : « *en été, qu'on fasse un sachet de trois parties de rose et une de myrtilles* [?], *en un seul bouillon dans l'eau, puis exprimez et appliquez dessus. En hiver, on concassera de la sauge, laquelle on frottera avec force huile rosat et, étant mis dans un sachet, on l'appliquera* », tout en précisant qu'on pouvait s'asseoir sur l'un ou sur l'autre… La chaleur de la cuisson ajoutait à la vertu des plantes.

Arum.
L'arum est encore réputé pour soigner les ecchymoses et les abcès.
(Bibliothèque centrale des Vélins, inv. V11056, f° 9) © Muséum national d'histoire naturelle, Dist. RMN

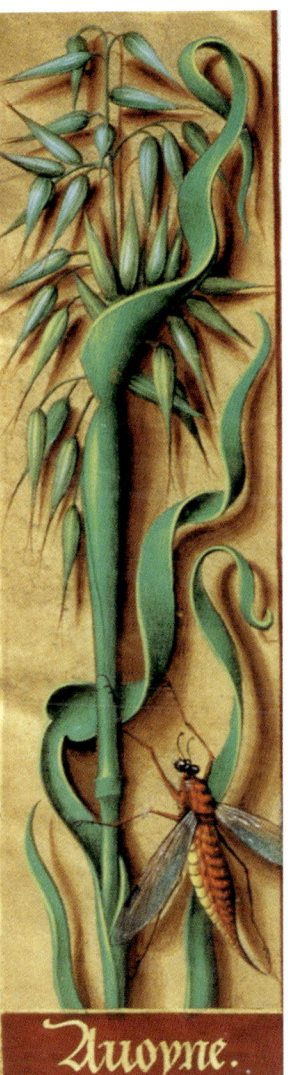

Céréales : blé (ici froment), orge, avoine, millet. Ces plantes sont omniprésentes dans les soins et la nourriture au Moyen Âge.
(Les Grandes Heures d'Anne de Bretagne, ms. Lat. 9474, f° 95, 94, 95 v°, 96. BnF)

Si, en revanche, on voulait maigrir, Platearius conseillait de consommer du millet, « *le moins nourrissant de toutes les céréales, ceux qui veulent grossir n'en doivent point user* ». Ou : « *Pour ceux qui sont trop gras et qui veulent maigrir, bouillir des fleurs de noisetier dans du vin, jour et nuit, en ajoutant du vin quand nécessaire. Filtrer et boire pendant cinq jours. Et que tout ceci soit fait au mois de février.* »

Sainte Hildegarde indique une recette, bien connue, mais facile à essayer pour le si fréquent mal de dos : « *Qui a mal aux reins et au dos posera des grains de blé cuits et chauds, dans un linge, sur l'endroit douloureux et la chaleur du blé brisera le pouvoir de cette infirmité.* » Nous verrons plus loin des recettes beaucoup moins douces… avec du vin.

foment. Orge. Auoyne. Mil.

Châtaignier,
(Les Grandes Heures d'Anne de
Bretagne, ms. Lat. 9474, f° 124,
BnF)

Page de droite
Menthe verte.
(*Atlas des plantes de France utiles,*
nuisibles et ornementales, t. 3,
Amédée Masclef, Muséum
national d'histoire naturelle)

Cela pendant plusieurs jours, selon Pline. Ou, d'après le même auteur : « *On dit encore qu'attirer à soi une branche de* figuier, *en arracher un nœud avec les dents, la tête renversée, sans être vu de personne, et le porter dans un sachet suspendu au cou par un fil dissipe les écrouelles.* »

Les maux de dents qui, selon Celsus, pouvaient « *être rangés parmi les plus atroces tourments* » bénéficiaient de nombreux remèdes. Le même auteur indique, parmi ceux-ci, une recette censée « *procurer une guérison de longue durée, mais toujours d'une année au moins* » (⚲) : il fallait, pour ce faire, arracher une touffe de menthe sauvage avec ses racines, la mettre dans une bassine, verser de l'eau dessus, la chauffer « *avec des cailloux incandescents* ». Le patient, bien enveloppé dans des couvertures, devait recevoir la vapeur, bouche ouverte, mais la tête en bas : « *Il se produit alors une sueur abondante et un écoulement continu de pituite[54].* »

On pouvait aussi replanter plusieurs fois, au même endroit, du séneçon mâché sur une dent malade, puis recraché, pour guérir le mal de dents (⚲) (P.). Plus simple, « *la* passerage *[variété de cresson], attachée au bras du côté où l'on souffre des dents, détourne sur elle la douleur* » (P.). Une autre façon de soigner les maux de dents demandait la confection de petits sachets en taffetas remplis d'herbes calmantes et fixés sur la joue. Il paraît que cette thérapeutique serait à l'origine des « mouches » en taffetas noir que les élégantes, des siècles plus tard, se collaient sur le visage, pour mettre sa pâleur en valeur.

Au début du XVIIIe siècle encore, des remèdes insolites subsistaient. Si, par exemple, un corps étranger est entré dans l'oreille, dom Alexandre[55] conseille que « *certains sautent sur un pied du côté de l'oreille incommodée en penchant la tête, l'autre pied étant en l'air* ». Mais si on manque d'équilibre, il préconise aussi que « *certains mettent un petit tuyau, en bois de canne ou autre, dans l'oreille, et mettent des étoupes à l'autre bout qu'ils allument ; le feu attire*

Certains remèdes demandaient d'autres efforts

Comme celui de tailler une branche : « *Qui se fait une canne avec le bois de châtaignier et la porte à la main de manière que la main s'en réchauffe verra grâce à la chaleur se fortifier ses veines et son corps tout entier. Il respirera aussi souvent l'odeur de ce bois qui apportera la santé à son cerveau.* » (H.).

En revanche, certaines plantes ne pouvaient guérir que si elles étaient cueillies sans y toucher, ce qui demandait une certaine adresse (ou souplesse). On pouvait guérir les maladies de la rate, en mordant « *de la menthe verte, au jardin, mais sans la cueillir* » !

Pl. 252. *Menthe verte*. Mentha viridis L.

toutes choses étrangères ». En omettant malheureusement d'indiquer un remède contre les
brûlures… Ou encore, s'il est « *tombé dans
l'oreille un pois, une fève ou autre légume, une petite
pierre, une puce ou autre chose, on essaiera de retirer ce corps étranger avec un petit bâton entouré de
laine imbibée de térébenthine et on le tournera dans
l'oreille* ». Mais si tous ces moyens ne suffisent
pas « *[…], il faudra fendre l'oreille par le bas* » ! (Il
faut préciser que l'ensemble des remèdes de
La Médecine et la Chirurgie des pauvres avait été
dûment approuvé « *le 13 décembre 1711, par
Audry, Docteur, Régent de la Faculté de médecine
de Paris, Lecteur et Professeur royal* »…)

L'arracheur de dents.
**Si tous les remèdes avaient
échoué !**
(*Thiringia magistri Rogerii*,
ms. 89 bis [XIVe siècle],
Bibliothèque universitaire
de médecine de Montpellier)
© Dagli Orti.

A droite
Menthe poivrée.
© L. Girre

Avec quelques prières…
ou un peu de magie

La notion d'aide à la guérison par des puissances tutélaires, divines ou non, se trouve dès les origines de l'Histoire en Mésopotamie. La médecine égyptienne[56], admirée par les Grecs puis par les Romains, fait largement appel aux invocations et aux prières. Cette notion divine est très présente aussi dans la Bible, où des guérisons s'opèrent grâce à des offrandes et des prières[57].

Durant tout le Moyen Âge, parallèlement aux progrès de la science, cette croyance dans les forces protectrices perdure. Elle continue d'ailleurs jusqu'à nos jours, où saints[58]… et démons sont encore invoqués pour obtenir des guérisons.

Aux plantes, essentielles dans la médecine, s'ajoutait l'influence des planètes auxquelles elles étaient rattachées et qui conditionnaient l'efficacité de leur pouvoir. Au XVIIe siècle encore, Oswald Crollius dit « *que l'on doit prière et respect à la plante, créée pour porter assistance à celui qui a l'intelligence du mystère*[59] ». La cueillette des plantes devait également respecter des rites précis, comme tracer un cercle autour de la plante, cueillir à reculons ou non, porter des vêtements en

lin… ou être nu, purifié par des ablutions, le tout variable selon les plantes et l'usage que l'on voulait en faire.

De nombreux remèdes consistaient à porter autour du cou une racine ou une branche de la plante appropriée à son mal, mais il fallait l'accompagner de prières destinées à la plante elle-même, à son saint tutélaire, ou de renonciation au diable.

« *Contre douleurs et maladies des yeux, il faut aller là où la* **camomille** *matricaire pousse, avant que le soleil se lève et dire sur elle cette prière : "Je te prends herbe, pour la maille blanche[60] et la douleur des yeux, afin que tu y apportes secours", puis la cueillir. Le patient devra la porter pendue à son cou.* » (H.). Ou, également pour les maladies des yeux, « *il faut pendre du* **chiendent** *à son cou, après l'avoir cueilli au déclin de la lune* » (Pl.).

Camamille.

herbe ſt iehan.

À gauche
Camomille matricaire :
les effets calmants de la matricaire sont toujours reconnus… mais non portée autour du cou.
(Les Grandes Heures d'Anne de Bretagne, ms. lat. 9474, f° 13 v°, BnF)

Ci-contre
Pivoine :
les nombreuses vertus – magiques – qu'on lui prêtait autrefois, se bornent maintenant (outre sa beauté) à un rôle calmant.
(Les Grandes Heures d'Anne de Bretagne, ms. lat. 9474, f° 118 v°, BnF)

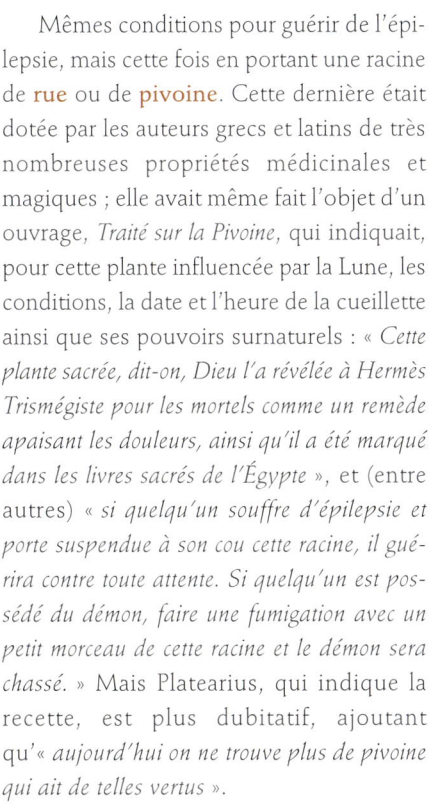

Mêmes conditions pour guérir de l'épilepsie, mais cette fois en portant une racine de **rue** ou de **pivoine**. Cette dernière était dotée par les auteurs grecs et latins de très nombreuses propriétés médicinales et magiques ; elle avait même fait l'objet d'un ouvrage, *Traité sur la Pivoine*, qui indiquait, pour cette plante influencée par la Lune, les conditions, la date et l'heure de la cueillette ainsi que ses pouvoirs surnaturels : « *Cette plante sacrée, dit-on, Dieu l'a révélée à Hermès Trismégiste pour les mortels comme un remède apaisant les douleurs, ainsi qu'il a été marqué dans les livres sacrés de l'Égypte* », et (entre autres) « *si quelqu'un souffre d'épilepsie et porte suspendue à son cou cette racine, il guérira contre toute attente. Si quelqu'un est possédé du démon, faire une fumigation avec un petit morceau de cette racine et le démon sera chassé.* » Mais Platearius, qui indique la recette, est plus dubitatif, ajoutant qu'« *aujourd'hui on ne trouve plus de pivoine qui ait de telles vertus* ».

La croyance dans les vertus de la pivoine (Peone) était tenace puisque, au XVIIIe siècle, dom Alexandre écrit : « *La racine de Peone mâle pendue au col est une excellente amulette pour se préserver de l'épilepsie ; il la faut cueillir dans le mois de mars ou d'avril, au décours de la lune.*

La vertu amulétique de cette racine a été éprouvée par Galien, confirmée par Forestus, par Bartholin et dans les observations communiquées à Rivière par Monsieur de Grandpré. »

Pour d'autres maux, Pline cite le cas d'un « *notable de l'Espagne qui, à cause d'une affection intolérable de la luette, porte, sauf au bain, une racine de pourpier pendue au cou par un fil, ce qui l'a délivré de toute incommodité* ».

La racine de **bryone** ayant – très approximativement – l'apparence d'un pied déformé par la goutte était indiquée, elle aussi portée autour du cou, pour guérir de cette maladie ou (au XVIIe siècle encore) pour « *chasser des vers dans un ulcère* » : « *[…] laver l'ulcère avec du suc d'eupatoire et porter l'herbe pendue au col pour les faire disparaître, ainsi qu'il a été éprouvé plus d'une fois sur des hommes et des animaux* ».

« *Cueillie en juin, à la lune descendante, la bourse-à-pasteur a des vertus cachées et secrètes pour arrêter les saignements de nez. Il faut que le patient en tienne dans la main droite, deux branches l'une sur l'autre.* »

L'espoir et les prières pouvaient aussi aider à la guérison : « *Les mages ordonnent de cueillir la première anémone pulsatile aperçue de l'année, en disant qu'on la cueille pour guérir de la fièvre tierce et de la fièvre quarte.* » (P.).

Bryone : sa racine, « Navet du Diable » remplaçant éventuellement la Mandragore en sorcellerie, était connue depuis les Egyptiens qui lui attribuaient de multiples dons guérisseurs.
(Les Grandes Heures d'Anne de Bretagne, ms. Lat. 9474, f° 200, BnF)

« *Contre les fistules, cueillir trois racines d'ai-gremoine, et les cueillir en ayant bonne dévotion à Dieu, espérance en la guérison de la maladie et en disant trois fois le Pater Noster et trois fois l'Ave Maria. Puis, pendre ces racines au-dessus de la fumée, avec le nom du patient jusqu'à ce qu'elles soient sèches. Alors, la fistule sera guérie.* » (Pl.).

Si Platearius, qui donne cette recette, semble convaincu du résultat, ce n'était pas toujours le cas. Une certaine méfiance transparaît parfois quant à l'efficacité des incantations ou des pratiques un peu « sorcières ». Par exemple, lorsqu'il donne une recette « *efficace contre les cours trop abondants des fleurs [menstrues] chez les femmes […] Donner à boire*

Aigremoine.
© L. Girre

le jus de la renouée *des oiseaux avec du sucre et du vin. Mais il convient d'abord de faire sur cette herbe cette oraison : "Herbe poligonia, fille du roi des jardins […] veuille je te prie clore le flux de sang chez cette femme"* et la nommer », il ajoute : « *Ce n'est point chose à faire, car c'est déraison.* » Ou, à propos du souci d'eau, ou *Calendula* : « *D'aucuns qui l'ont expérimenté, mais qui ne sont pas à croire, disent que quiconque s'enduira le soir avant de se coucher du jus de cette herbe, au matin se retrouvera changé de lieu.* » Après avoir donné des recettes utilisant les propriétés narcotiques de la mandragore, il précise :

Alchémille.
© L. Girre

« *Certains disent que la* **mandragore** *femelle a forme humaine, mais ce n'est pas vrai. Car la nature n'attribua jamais à une herbe la forme humaine. Mais il est bien vrai que certains par artifices modèlent de telles figures* », niant ainsi tous les pouvoirs magiques attribués à cette plante.

Une autre recette peut sembler relever aussi de la magie : « *Pour un homme si pris et si*

Mandragore : sa racine bifide (très) vaguement humaine avait attribué à cette plante des dons de sorcière pendant des millénaires.
(Muséum national d'histoire naturelle, Estampe)

a. *Mandragora fœmina,* Schlaftöpfel.
b. *Mandragora Mas, Mandragore,* Alraün.
c. *Mandragora flore subcœruleo,* Hundeopfel.

lié qu'il ne peut approcher sa femme quand il est marié, qu'il cueille de l'alchémille, ou pied-de-lion, celle qui a sept branches, et qu'il la cueille au déclin de la lune. Et devant la porte de sa maison, en cette eau, qu'il se baigne tout le corps. Et, la première nuit, qu'il brûle de l'aristoloche et après rentre dans sa maison sans regarder derrière lui. » Mais l'auteur conclut : « *Le croira qui voudra !* » (Pl.).

Enfin, lorsque maladies et divers ennuis avaient disparu, la maison avait besoin d'être assainie. Sainte Hildegarde donne une recette de désinfectant… magique : « *Râpe un peu de [fougère] corne de cerf, ajoute de l'encens et brûle le mélange sur le feu ; l'odeur chassera les sylphes, assainira par la magie et chassera aussi la vermine par la force que possède la corne de cerf.* »

Encore plus mystérieuses, certaines pierres étaient censées agir par leur seule présence

Prenant parfois la place des plantes dans les processus simples de guérison ou de bien-être – toujours liés –, les pierres précieuses, auréolées de leur mystère, de leur beauté et de leur rareté devaient agir… par magie.

Le corail rouge, ce calcaire d'au-delà des mers, était très apprécié. Il figure souvent non seulement comme remède, en particulier dans ceux du célèbre *Antidotaire Nicolas* ou dans divers autres recueils, mais aussi comme un précieux protecteur. Selon Platearius, il « *a des propriétés occultes contre l'épilepsie [...] il a vertu de conforter, de resserrer et de nettoyer les membres de la respiration* », et il ajoute : « *Certains disent que le corail rouge préserve les maisons de la foudre et de la tempête.* » Et pour Albert le Grand, « *il est expérimenté et sûr qu'il arrête le sang sur-le-champ. Beaucoup de personnes considérables et dignes de foi l'ont éprouvé depuis peu* » ; mais aussi : « *Le corail est admirable contre les tempêtes et les périls qu'on court sur les eaux.* »

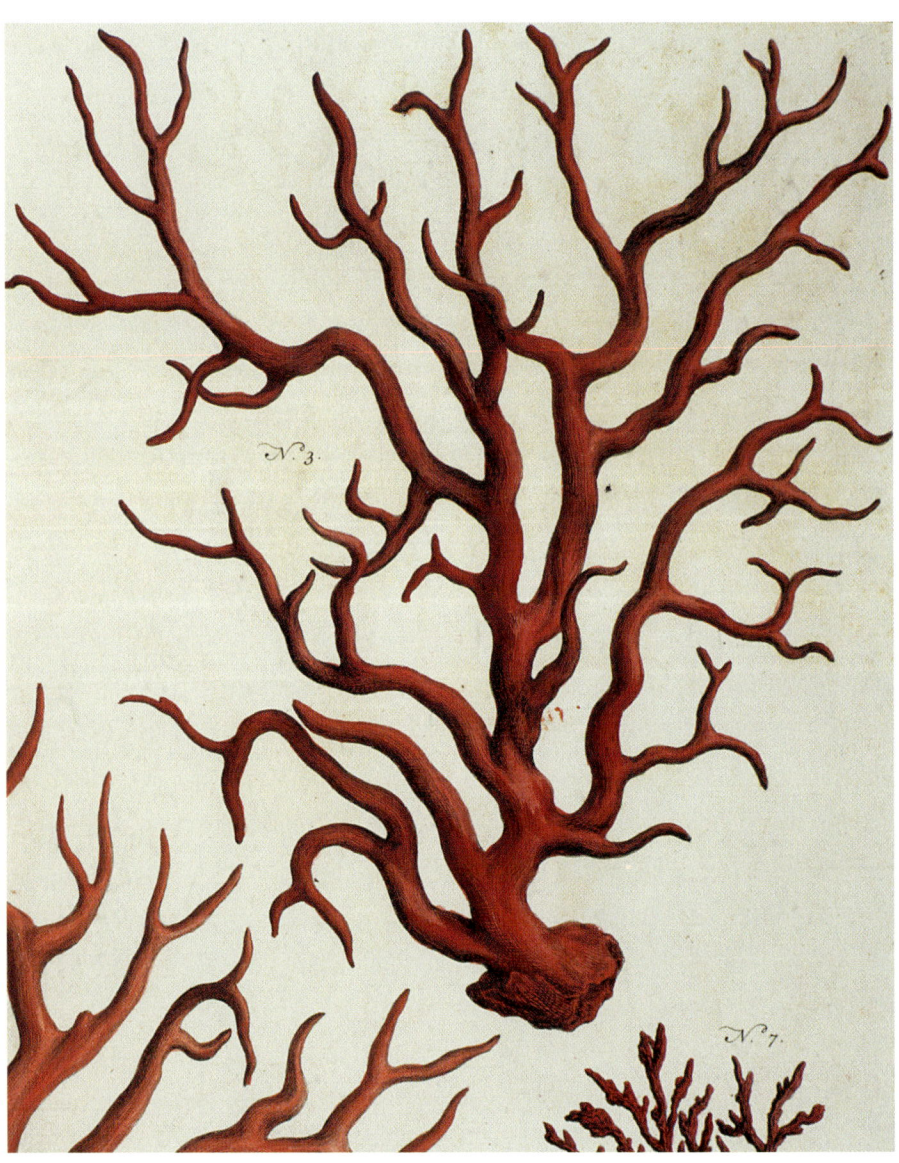

Corail rouge : **il tenait sa magie des mystérieuses mers lointaines.**
(Muséum national d'histoire naturelle, Estampe, f° 115, Dist. RMN

Les belles et rares pierres précieuses avaient aussi de mystérieux pouvoirs. Calmants et apaisants, comme le jaspe : « *Quand on rêve d'éclairs et de tonnerre, il est bon d'avoir un jaspe sur soi, car alors illusions et oppressions disparaissent.* » (H.)

Le péridot : « *Si on veut devenir sage et ne faire point de folies, on n'a qu'à prendre une pierre qui se nomme chrysolite [péridot]. Il faut l'enchâsser dans de l'or et la porter sur soi : quelques-uns disent qu'elle chasse les fantômes, guérit de la peur et de la folie.* »

Ou la calcédoine : « *Porte-la de manière qu'elle touche la peau et qu'elle se trouve au-dessus d'une veine ; cette veine, et avec elle le sang, absorbera sa chaleur et sa force [...] ainsi, cette* pierre détourne-t-elle de l'homme les faiblesses et lui confère-t-elle l'attitude la plus forte contre l'irascibilité. Son comportement deviendra si pacifique qu'il ne devrait plus se trouver grand monde qui pût déclencher en lui une colère, fût-elle justifiée, ou qui pût le blesser en lui faisant tort.* » (H.)

À l'inverse, le lapis-lazuli redonnait de l'énergie : « *Ces pierres sont efficaces contre toutes les maladies dont la cause est l'humeur mélancolique.* »

Les pierres étaient capables de permettre aux humains de se perfectionner, mais aussi de se soigner :

Le saphir « *porté sur soi, donne la paix et la concorde, rend dévot et pieux, inspire le bien, modère le feu et l'ardeur des passions intérieures* ».

Marchand de pierres précieuses **à la fois belles et guérisseuses.** (*Lapidaire de Mandeville*, Gand, ms. Fr. 9136, f° 344, BnF)

L'émeraude : « *Celui qui voudra devenir savant, amasser des richesses et savoir l'avenir prendra la pierre que nous appelons émeraude (malheureusement, on la trouve dans le nid des griffons).* » (A. G.) Dommage… D'autant plus que l'émeraude, selon sainte Hildegarde, avait encore d'autres pouvoirs : « *Celui qui a des douleurs au cœur, à l'estomac ou au côté portera une émeraude sur lui, de manière que la chair de son corps s'en réchauffe, et il ira mieux.* »

L'améthyste venait en aide à ceux qui aimaient trop la boisson : « *Pour avoir bon esprit et ne s'enivrer jamais, on prendra une pierre d'améthyste qui est de couleur violette ; elle est merveilleuse pour les ivrognes et rend l'esprit propre aux sciences.* »

Quant aux perles, « *petites pierres claires que l'on trouve dans certains poissons […] et qui doivent être claires et brillantes […] elles ont vertu de conforter et d'accroître les esprits du cœur, débarrassent les organes de leurs superfluités* ». Malheureusement, là, il ne suffit pas de les porter, puisqu'« *il faut donner de la poudre de perle avec du sucre rosat* » ! À ce propos, il paraît qu'au XIVe siècle, deux moines avaient été chargés de soigner le roi Charles VI avec des perles pulvérisées, mais « *la santé du monarque ne s'étant pas améliorée, les deux moines furent décapités*[61] » !

Extraction de pierres précieuses :
pénible, dans les vallées et les montagnes
(Livre des propriétés des choses, Poitiers, ms. Fr. 218, f° 254 v°, BnF)

Page de droite
Découverte de pierres précieuses,
surgissant cette fois, miraculeusement, du sol.
(Livre des propriétés des choses, Bruges, ms. Fr. 134, f° 344, BnF)

Des remèdes plus complexes

Les précédentes recettes n'utilisaient qu'une composante ou deux et ne demandaient à la rigueur qu'un petit effort ou de la cuisson. Dans les suivantes, d'autres plantes et/ou d'autres ingrédients sont ajoutés pour augmenter leur efficacité, leur goût, leur application.

Comme l'écrit Platearius dans la préface du *Circa instans* : « *Il y a plusieurs cas pour lesquels on inventa des médecines composées, cas où les médecines simples ne suffisaient pas, à savoir : la violence de la maladie, les maladies contraires ou opposées, les états contraires du corps ou organes du corps […].* »

En unissant des plantes

Mithridate, ce célèbre roi du Ier siècle avant notre ère, prenait, paraît-il, tous les jours – pour pouvoir empoisonner tranquillement ses ennemis, sans danger pour lui – un antidote dont la recette diffère fortement selon les auteurs. La plus simple consistait en « *deux noix sèches, deux figues, vingt feuilles de rue, un grain de sel, le tout pilé et mêlé ensemble* ». Mais celle notée par Celsus semble plus vraisemblable et comprend 34 ingrédients, parmi lesquels du pavot, de l'encens, de la myrrhe, de la gomme et une trentaine d'autres plantes allant du poivre aux graines de carottes, ou du persil et de la rue aux feuilles de jonc.

Pline et Dioscoride au Ier siècle, entre autres, avaient répertorié et fait connaître un grand nombre de plantes. Les recettes en associant plusieurs dans un même remède se multiplient, en particulier à partir du XIe siècle et dans les siècles suivants.

Les « électuaires[62] » comme ceux mentionnés dans l'*Antidotaire Nicolas*, au XIIe siècle, nécessitent souvent une multitude d'ingrédients : ainsi en est-il de l'*Electuarium Pliris arcoticon*, par exemple, destiné à combattre la

Marchand de cannelle, une épice particulièrement recherchée au Moyen Âge.
(Biblioteca Estense, Modène, Bibl. Estense, B01548, f° 36 v°, Collection Dagli Orti

mélancolie, les pâmoisons, l'épilepsie et à rendre la mémoire. Il comprenait (entre autres) : cannelle, girofle, noix de muscade, aloès, galanga, rose, violette, cardamome, basilic, réglisse, poivre long, myrtilles, écorce de citron, etc.

À la Renaissance, le *Trésor universel des pauvres et des riches*, à la fin du XVIᵉ siècle, témoigne encore de ces associations de plantes. Par exemple, pour soigner la goutte, un onguent comprenait « *une grosse racine de* couleuvrée, *vidée et remplie de jus d'hièble, de muscade, de* calamente, *d'encens et de myrrhe en deux parties de la cavité, l'autre vide, y ajoutant* pyrèthre, *racine de* gentiane, *hermodactes et vieille huile* ».

Préparateurs au travail avec des mortiers.
(Collection Dagli Orti/British Library)

Avec du vin, du miel et du sucre, de la farine, de l'huile

Les remèdes mêlant de nombreux éléments, demandaient d'autres constituants, liants adoucissants, émollients, etc. Dans les meilleurs cas, le vin, la farine, le miel, le sucre ou l'huile remplissaient ces rôles, tout en apportant des qualités complémentaires.

Le goût des remèdes était pris en compte dans la mesure du possible, pour une meilleure assimilation. Comme l'écrivait Avicenne, « *l'acte de déglutir s'opère grâce à une attraction de la nourriture par les fibres de l'œsophage […] lorsqu'une nourriture ou un remède est perçu comme agréable, la déglutition se fait sans l'intervention de la volonté, par une attraction toute naturelle* », donc sans ajouter d'effort supplémentaire aux malades. Il faut pourtant préciser que ce n'était pas toujours le cas et nous retrouverons beaucoup d'autres remèdes dans lesquels entrent des ingrédients pour le moins surprenants… et dépourvus d'attraction !

Le vin, le vinaigre et l'alcool

Selon Hippocrate, « *le vin est chose merveilleusement adaptée à l'homme* ». Pour Galien, au IIe siècle, « *s'il est bu avec mesure, le vin par la digestion, la distribution des sucs, la production du sang et la nutrition, contribue grandement à rendre notre âme plus douce et en même temps courageuse* ».

Celsus affirmait : « *Le vin pur est l'antidote de tous les poisons* » ! Il faut dire que l'eau était souvent souillée et porteuse de microbes. Rhazès lui aussi, passant outre les interdits coraniques, écrit : « *L'utilité du vin pour la préservation de la santé et l'amélioration de la digestion est certaine* », tout en ajoutant : « *si on lui accorde la place qui lui revient et si sa quantité, sa qualité ainsi que le moment où il est pris sont conformes aux règles de l'art[63]* ». (Mais aussi, ce qui ne semble pas très médical : « *On tire profit de l'enivrement quand il n'est pas une habitude systématique, mais seulement quand il est pratiqué une ou deux fois par mois[64]* » !)

Le vin était donc très consommé au Moyen Âge. Beaucoup de nos grands vignobles actuels ont été plantés par des moines qui cultivaient la vigne autour de leurs couvents et, pendant des siècles, se sont efforcés d'améliorer cépages et vinification. Symbolisant le sang du Christ, le vin était nécessaire pour célébrer la messe, mais il était aussi censé redonner des forces aux malades qu'ils soignaient et aux moines eux-mêmes « *pour avoir plus de force à soutenir les disciplines rigoureuses* », selon saint Pierre Damien.

Breuvage réconfortant, le vin – mais aussi ses dérivés le vinaigre et l'alcool – entrait dans la confection de beaucoup de remèdes. Chez Hildegarde de Bingen en particulier, ces remèdes sont nombreux, ce qui n'est pas surprenant, car les monastères qu'elle avait fondés se situent dans la vallée du Rhin et étaient entourés de vignobles[65] encore réputés.

Le « Cycle des mois : Octobre ».
Les vendanges pour l'évêque Giorgio de Liechtenstein par Maître Venceslas, XVe siècle.
(Archives Alinari, Florence, Dist. RMN/Fratelli Alinai)

Dérivée du vin, la distillation de l'alcool avait été découverte par les médecins arabes de Byzance et en particulier, au IXᵉ siècle, par Rhazès au cours de ses travaux d'alchimiste.

L'eau-de-vie était connue à Salerne, puis fut préconisée par Arnaud de Villeneuve, qui l'appelait « *Eau d'immortalité* », et nommée plus tard « *Eau ardente de Maître Arnaud* », bien qu'il n'en soit pas l'inventeur…

Outre le vin réconfortant, le miel, la farine et l'huile venaient « envelopper » et adoucir les remèdes aux composantes parfois corrosives et de goût détestable. Ils y ajoutaient les bienfaits de leurs éléments nutritifs – choisis en fonction du tempérament du malade et du type de maladie.

Le miel et le sucre

Le miel, apprécié depuis l'Antiquité, entrait dans une multitude de remèdes. Chez les Égyptiens, le miel devait participer à la guérison de nombreux maux en aidant à lutter contre les démons : « *Le miel est arrivé, il est venu pour traverser la région des locustes, traversant dans une barque sacrée. Il est sauf ! […] Ô miel qui appartient au ciel pour les étoiles, ô toi qui appartiens à la terre pour les dieux*[66] *[…]* »

Pour Pline aussi, le miel était un « *extraterrestre* » : « *Le miel vient de l'air […] soit donc que ce soit une sueur du Ciel ou quelque excrément ou salive des astres.* » Investi de cette réputation un peu magique et ayant fait preuve de ses bienfaits, le miel était d'autant plus apprécié :

« *Fait par l'artifice des mouches que l'on appelle abeilles, le miel a vertu de conserver et de préserver les choses du pourrissement. Il nettoie et purifie, on l'emploie dans les médecines afin de recouvrir ou diminuer leur amertume ; afin par sa douceur de leur permettre de passer au plus profond des organes et de conserver leurs qualités.* » (Pl.) Les qualités cicatrisantes du miel étaient aussi reconnues.

Le sucre « *fait d'une canne semblable à un roseau remplie d'une moelle douce, on l'appelle canne à miel [...] convient à tous ceux que la maladie a desséchés ou amaigris [...]. On doit le leur donner mélangé à leurs boissons ou aliments, ainsi le sucre pourra pénétrer en leur chair et l'humidifier à nouveau.* » (Pl.) Le sucre était rare, donc coûteux, et le plus souvent réservé aux malades. L'auteur du célèbre *Mesnagier de Paris*, ouvrage du XIVe siècle[67], dans ses recettes de cuisine « *préparations pour malades* », insiste sur l'importance du sucre, même dans des préparations habituellement salées : « *coulis de poulet [...] ajoutez du sucre à foison* » ou « *coulis de poisson [...] clair et bien sucré* ».

La vente du sucre faisait d'ailleurs partie des prérogatives des apothicaires-épiciers jusque vers la fin de la période médiévale.

Marchand de sucre.
Pendant des siècles, le sucre fut réservé aux malades et aux privilégiés.
(*Tacuinum sanitatis*, ms. lat. 9333, f° 89, BnF)

La farine

La farine était plus ou moins nourrissante, faite à partir de céréales choisies selon les besoins du malade : blés, orge, seigle, millet, sachant que, « *de tous les grains, le froment est la meilleure nourriture par sa ressemblance avec la matière et la complexion de l'homme* ». Comme nous l'avons vu, la farine permettait de préparer l'essentiel de la nourriture pour la plus grande partie de la population, mais elle entrait aussi dans la confection de nombreux remèdes, ou plutôt enveloppait souvent les composantes de ces remèdes dans de rassurants pains ou gâteaux.

Les semailles.
(*Heures à l'usage de Rouen*, ms. 22, Rés. ms. 2 [XVe siècle], Bibliothèque municipale d'Aix-en-Provence) © IRHT

Noix.
(Les Grandes Heures d'Anne de Bretagne, ms. Lat. 9474, f° 212, BnF)

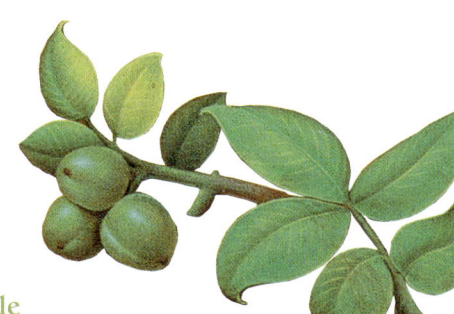

Quelques remèdes

L'huile

Les huiles étaient très utilisées dans la fabrication de certains remèdes, car elles permettaient d'adoucir, d'assouplir et de mieux faire pénétrer les multiples plantes et autres ingrédients que l'on pouvait y intégrer.

Les variétés d'huiles utilisées dépendaient en principe des régions de culture, telle l'huile d'olive dans les pays du Sud. Mais si l'huile d'olive pouvait être exportée vers d'autres régions, il en était de même par exemple pour l'huile de noix, qui, de plus, « *engraisse la chair et rend les pensées joyeuses* » (H.).

Avec du vin

Le vin était souvent recommandé pour les diverses douleurs internes. Il était censé aider la digestion, mais aussi calmer les douleurs de poitrine, du cœur, de la rate. Durant des siècles, on retrouve de très nombreux exemples de ces remèdes. Parmi ceux-ci :

« *Le vin dans lequel on aura cuit du gingembre et du cumin est bon contre les douleurs d'estomac dues à des ventosités et facilite la digestion.* »

« *Si tu as des douleurs d'estomac, cuis le laurier dans du vin [le laurier-sauce, celui que nous utilisons en cuisine ; surtout pas le laurier-rose, dangereusement toxique] ; bois ce vin chaud et il ôtera les mucosités de ton estomac, le nettoiera et en chassera même la fièvre.* » À propos du laurier-rose,

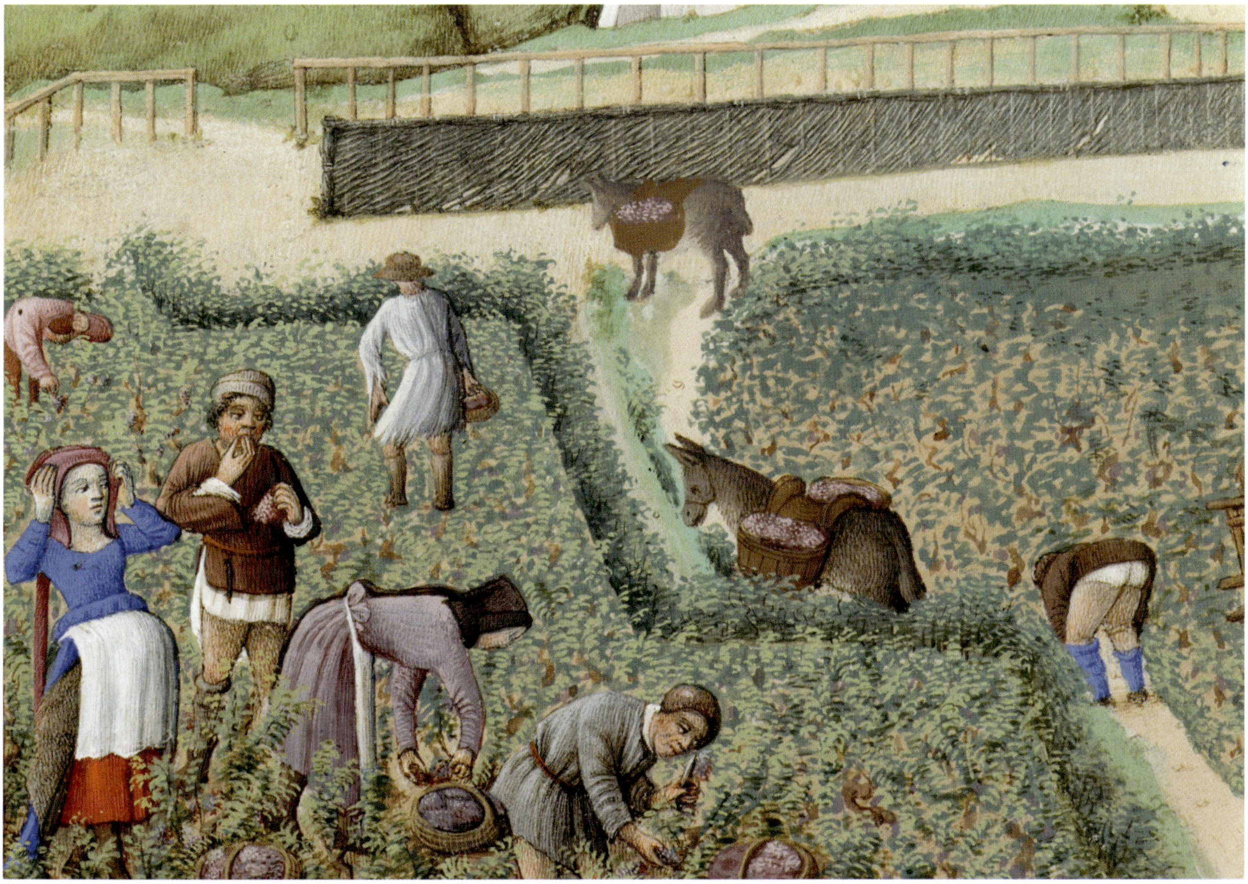

Les vendanges **fourniront bientôt le précieux breuvage.**
(Les Très Riches Heures du duc de Berry, ms. 65, f° 9 v°, RMN (Domaine de Chantilly)/ (René-Gabriel Ojéda)

À gauche
Le cumin,
une épice très prisée.
(*Livre des simples médecines,*
ms. Fr. 12322, f° 146 v°, BnF)

Ci-contre
Le laurier « d'Apollon »
(*Laureus nobilis*), toujours
reconnu capable d'aider la
digestion... même sans vin.
(*Livre des simples médecines,*
ms. Fr. 12322, f° 192 v°, BnF)

Page de droite
La lavande, depuis toujours
appréciée pour son parfum,
mais aussi pour ses qualités
antiseptiques et médicinales
encore reconnues.
(*De Herbis,* ms. lat. 6823, f° 135 v°,
BnF)

La molène.
(*Les Grandes Heures d'Anne de
Bretagne,* ms. Lat. 9474, f° 234, BnF)

le *Circa instans* raconte : « *Certains taillent des broches à rôtir dans les branches de cette herbe, y mettent leur viande à rôtir et leur viande devient vénéneuse. Ceux qui en mangent meurent aussi rapidement que s'ils avaient absorbé du venin.* »

Par ailleurs, « *le vin où la myrrhe seule aura cuit conforte la digestion et est aussi efficace contre les mauvaises odeurs de la bouche provoquées par des vapeurs provenant de l'estomac et contre tout pus et ordure contenus dans l'estomac ou les boyaux* ».

Pour les douleurs dans la poitrine, le cœur ou la rate : « *Qui a la voix rauque et mal à la gorge et dans la poitrine fera cuire du bouillon-blanc [ou molène] et du fenouil en poids égaux dans du bon vin et en boira souvent après l'avoir tamisé. Il recouvrera sa voix et sa poitrine sera guérie.* » La précision « *après l'avoir tamisé* » est importante pour éviter d'avoir l'impression d'avaler « *du poil à gratter* », comme le remarque H. Leclerc[68], mais le remède est toujours efficace : « *On l'emploie avec succès dans les irritations de l'appareil digestif et des voies respiratoires[69].* » Ou : « *Qui fait bouillir de la lavande avec du vin et du miel et en boit souvent tiède soulagera les douleurs de son foie et de ses poumons ainsi que l'oppression de sa poitrine, purifiera son savoir et clarifiera ses pensées.* » Ou encore, selon Platearius : « *Contre les maladies de poitrine causées par le froid, faire tremper une nuit, quatre ou cinq figues dans du jus d'aneth. Le matin ajouter un peu de vin, puis faire bouillir, filtrer et donner à boire.* » Et si on a bu trop vite à en avoir le hoquet, il suffit « *de mettre les tiges d'aneth dans les narines* » (Pl.).

angerut oi aliu. Argina. aliu. Arthimo gus uocat. Eligeda est q alba. uel q sit alba ua est 7 guosa. et q no i maiori pte reps. it redacta iplueire. no ualet. sepe ex ealio puluis sophisticari solet. ht aut uirtute astinge di osolidadi 7 mudifi cadi ex suis qualitatib3. Epplastrum scilicet ex ea 7 albuine oui super tipora. ualet ot fluxu saguis enarib3. pulius ei3. s aq. ro. oficiat 7 soli expoit 7 cerse cocet. et itere cu aq. ro. poit i oculo maculam osumit 7 oculu claru fac. Epplius eu uulnei ipoit ipam osolidat. Fumus ei3 pissmoza recepte eloto ipoito. ualet ot tenasmo.

Sticados. caliet e 7 sicca i pmo gru. auie uo. dic. cal. est i. i. sic. i. seo. hzba est q alio nose. Barba iouis. 7 abdios 7 argu

asplagnu. cui duplex e spes. s. sticados ar cui spiga fac i mod spica ordi s. sut mio ro auena coloris cu florib3 purpuris 7 sui ullo scine. folia hiis silis is remaino cu amaritudie pauca. opit ex sili terrea 7 iga sotili. Opaticos 7 spletates. resoluit sotiliat ex amaritudie sua 7 sir ei sir. et apit oplcos 7 absteg. et i ipso qd est sciptio tas pauca. et sofortat corp 7 uiscera. et philb3 puttactices. Instrumeta uicturu ei ocoratio sedat dol ruouos 7 ueteruaz 7 latez. et ipi syr e res magis iuuatiu egritudinu frau i nuis. qz opz ut assidue utat eo. qo biles ht ruouos 7 q exhitate i ipis patit. oib3 capis osert melle 7 epi letie. oib3 nutrimi otulit illu i caiui opllce cala dnat. 7 fac cu uomite. et e ex eis q faciut siti. oib3 explicios. Cofor tat istu uire. 7 soluedo educ flama 7 meli az. Gal uo no dix h ee ei. et ultia qd ez potio ipi. e duodeca kesume. cu uino pu ro. 7 oximelle. 7 modico sale. Est 7 alte za geri. q sticados citinu di. 7 hila ortu les 7 tinamica 7 appellat. cui flores sut citini coloris. 7 folia ht logiora 7 albidiu q minoris e efficacie. No cu siplr i re ceptoib3 iueit. rp sticad. arabie dbetur pi. citinu uo nuq obr poi siu deni natice.

Satirion. ca. e 7 sic. i tio gru. q alio noie. pripiscus. di. aliu. desiber. sin nos. Entitati. otrunacorz. Satipias di eas. testiculi lepris. Aeneu uria. appellat dy. Orchis die 7 aliu abrosidias lati. le priniu. aliu. testiculi uulpis uoc. d uase orchis. radix ei3 omedit assa sic bulbi. di q maior radix ipi si a uiris omesta su erit masculos gsignare. oi minoris uo si a mulierib3 omesta fuerit seina gsignare. di 7 ad multos uires excitare sucaoi sic tan cus. Mulieres cu lacte caprino moller

Pour ceux qui souffrent de la rate : « *Le vin où l'on a plongé et refroidi des pièces d'or rougies au feu apporte soulagement ; ceux qui n'auraient point de pièces d'or peuvent utiliser des pièces d'acier.* » (Neuves, de préférence !)

Les recettes utilisant le vin sont très éclectiques et bien d'autres parties du corps pouvaient aussi être soulagées : « *La racine de l'asperge pilée et bue dans du vin blanc chasse les calculs et calme les douleurs des lombes et des reins. Certains font encore boire la racine dans du vin doux pour les douleurs de la matrice.* » (P.)

Contre les douleurs des bras et des jambes, « *faites bouillir une poignée de* **thym***, de marjolaine, de sauge étroite et de camomille dans du vin rouge couvert, jusqu'à la consommation de la moitié du vin ; frottez le membre et appliquez dessus les herbes un peu chaudes et réitérez. Une personne qui ne pouvait remuer son bras s'est trouvée guérie après trois ou quatre applications*[70]. »

Camomille.
© L. Girre

Ou, dans les cas graves : « *Si l'on doit couper ou cautériser quelque membre ou y porter le fer, que le patient boive une demi-once de mandragore dans du vin et il dormira jusqu'à ce que le membre soit coupé, sans éprouver aucune douleur*[71] », nous dit Apulée au IVe siècle, dans *De virtutibus herbarum*. Comme celles de l'opium, les vertus soporifiques de la mandragore, déjà connues des Égyptiens, figuraient dans leurs légendes, où Amon endormait Hathor avec du jus de mandragore…

Thym.
Chauffé, il est toujours conseillé contre les douleurs.
© L. Girre

Important aussi, pour conserver les dents, il suffit, selon Arnaud de Villeneuve, « *de les laver deux fois par mois avec du vin dans lequel aura bouilli une racine de thym* ». Si pourtant ce remède ne suffit pas pour les conserver, un autre est simple à réaliser : « *Quand on enlève une dent et qu'il en résulte un trop grand saignement, faire un gargarisme avec du vin dans lequel on aura cuit les anthères de la rose [la fleur jaune à l'intérieur de la rose] ou la rose entière.* »

Si les précédentes recettes ne semblent pas trop désagréables, d'autres feraient (très) fortement hésiter :

« *Si tu souffres de maux de tête, broie des baies dans un mortier en y versant un peu de vin et enduis ensuite avec ce vin le sommet de ton crâne, ton front et tes tempes ainsi que ta tête tout entière ; ensuite, couvre ton chef pour qu'il soit chaud et mets-toi au lit. Les douleurs peuvent avoir été aussi fortes qu'elles le veulent, elles faibliront.* » (H.)

Cueillette de la mandragore **par le chien prêt à bondir pour la déraciner.**

(*Tacuinum sanitatis*, ms. Lat. 9333, f° 37, BnF)

Pour le mal de dos, selon Arnaud de Villeneuve, « *frapper l'endroit douloureux avec des orties piquantes, et laver ensuite l'endroit douloureux avec du bon vin blanc* » ou, si l'on préfère le vin rouge, « *fomenter doucement la partie souffrante avec de la fiente de pigeon bouillie dans du vin rouge* » (recettes que l'on retrouve textuellement au XVIIIe siècle dans *La Médecine et la Chirurgie des pauvres*).

Au XIVe siècle, Henri de Mondeville conseillait d'appliquer sur les plaies « *du bon vin fort aussi chaud que le patient pourra le supporter* » (ce qui devait déjà être pénible, mais bien préférable à « *l'onguent vert corrosif appelé vert-de-gris* » préconisé si le vin ne suffisait pas !).

Avec du vinaigre

Le vinaigre, comme le vin, entrait dans de nombreuses préparations, aussi bien en cuisine qu'en médecine, mais la plus célèbre est probablement le *Vinaigre des quatre voleurs*.

Au XVe siècle, en France, les épidémies de peste ravageaient la population. Pourtant, des vols se pratiquaient impunément dans des maisons vidées de leurs occupants par la maladie. Les voleurs furent enfin arrêtés et, pour éviter d'être brûlés vifs, durent donner leur recette protectrice. Cette recette fut appelée *Vinaigre des quatre voleurs* et figurait encore dans la pharmacopée au début du XXe siècle. Ce « vinaigre » était en fait une décoction (dans du vinaigre, bien sûr) de très nombreuses plantes : menthe, absinthe, cannelle, rue, camphre, romarin, etc., fortement aromatiques. Le vinaigre était également préconisé dans la médecine populaire contre les hémorragies. Arnaud de Villeneuve rapporte qu'« *un homme ayant saigné pendant trois jours et trois nuits sans que je puisse arrêter le sang, une vieille femme le fit en lui appliquant au front et autour du cou des linges trempés dans du fort vinaigre, et lui faisant flairer de la menthe* ».

Fabrication du vinaigre.
Le vin, peu alcoolisé et mal conservé, était vite altéré. Transformé en vinaigre, il était très utilisé.
(*Tacuinum sanitatis*, ms. Lat. 9333, f° 83 v°, BnF)

Préparation du verjus : très proche du vinaigre, le verjus était fabriqué à partir des raisins encore verts.
(*Tacuinum sanitatis*, f° 82 r°, XIVᵉ siècle) © Archives Alinari, Florence, Dist. RMN/Stefano Dulevant

Avec de l'alcool

Là aussi, une recette est particulièrement célèbre : celle dite de la « Reine de Hongrie ». La formule en diffère un peu selon les commentateurs, mais pour l'essentiel elle consistait à faire macérer du romarin pendant une cinquantaine d'heures dans de l'alcool selon certains, dans de l'esprit-de-vin, selon d'autres. Il est bien dommage de ne pas connaître cette recette avec plus de précision, car, à la fin du XIVe siècle, elle était censée avoir rajeuni et embelli Élisabeth de Pologne, alors âgée de 72 ans, au point de séduire le roi de Hongrie qui l'épousa (ou qu'elle refusa d'épouser selon les versions) ! Si la vérité historique n'est peut-être pas tout à fait conforme, ce parfum tonique a été apprécié et modifié ensuite au cours des siècles et jusqu'à nos jours[72].

Beaucoup plus compliquée est la recette d'Albert le Grand, indiquant dans ses *Admirables secrets* comment réaliser la « Véritable Eau céleste ». Malheureusement trop longue pour être détaillée ici[73], elle comprenait sept sortes d'épices, une trentaine d'autres plantes sous la forme de graines, fruits, bois, plus de l'ambre. Le tout, assemblé, pilé, mis « *dans un alambic de verre fort, d'un pied et demi de hauteur* » dans lequel on verse de l'eau-de-vie. Avant de le distiller, on met le tout dans « *du fumier de cheval bien chaud, en digestion, l'espace de quinze jours* ». Après plusieurs distillations, la « Véritable Eau céleste » est terminée, mais il est encore possible de fabriquer avec le marc restant dans l'alambic, l'« Huile de baume », en y ajoutant de la thériaque, de la térébenthine de Venise et de l'huile d'amande douce.

Ces préparations demandant, outre la possibilité d'en trouver toutes les composantes, les compétences et la patience du plus chevronné des alchimistes, en valaient la peine selon Albert le Grand. Il cite une quantité de maladies qu'elles peuvent soigner, allant de la lèpre à la peste ; chassant les venins et poisons, ranimant les mourants, et même conservant la beauté « *jusqu'à l'âge décrépit* »…

Récolte du baume : suintant du balsamier, le baume, sorte de myrrhe, était déjà mentionné dans la Genèse (37-25).
(*Livre des simples médecines,* ms. Fr. 12322, f° 187 v°, BnF)

Albert le Grand (ou un successeur ?) conclut en disant : « *En un mot, on peut appeler cette Eau céleste une médecine universelle* » et, pour l'Huile de baume, « *Crollius*[74] *en fait tant d'estime qu'il la nomme par excellence : huile-mère de Baume, témoignant par là qu'il est plus excellent que le Baume même* ».

Avec du miel

Le miel entrait dans un très grand nombre de recettes, adoucissant et masquant le goût parfois très désagréable de certains remèdes. Grâce à ces vertus, le miel pouvait entrer dans des préparations très éclectiques.

Pline prône souvent ses vertus, par exemple dans la recette d'un somnifère, le Diacodyon « *préparé avec cent vingt têtes de pavot sauvage macérées dans trois setiers d'eau de pluie et bouillies ; puis filtré et cuit avec du miel jusqu'à réduction de moitié. Puis on ajoute six drachmes de safran, d'encens, de gomme arabique et un setier de vin paillé de Crète : ceci pour la parade, en vérité la vertu de cette simple et antique préparation réside dans le pavot et le miel.* » Ou, lorsque des enflures apparaissaient sur le cou, « *très dures et empêchant toute absorption, bouillir du jus de verveine avec du miel et boire un*

Préparation de médicaments avec du miel.
(The Metropolitan Museum of Art, Dist. RMN)

cyathe de ce breuvage. La santé reviendra bien vite », promet Albert le Grand. Selon Alexandre de Tralles, qui, nous l'avons vu, comptait beaucoup sur les châtaignes, celles-ci « *séchées et pilées avec du miel guérissent de la morsure des chiens enragés* ».

Avec du vin et du miel

En unissant à des plantes les bienfaits du vin et du miel, certains remèdes étaient particulièrement prometteurs. Hildegarde de Bingen en indique plusieurs, dans lesquels on reconnaît les vertus attribuées au vin, mais adoucies par le miel, comme :

« *Qui a des douleurs au cœur, à la rate ou dans le côté fera cuire du persil dans du vin après avoir ajouté un peu de vinaigre et abondamment du miel, et filtrera le tout au travers d'un linge ; il en boira souvent et il sera guéri.* »

vérité avoir foi en son efficacité pour supporter son goût affreux[75] ».

Une autre recette, cette fois d'Albert le Grand, promettait elle aussi de retrouver une santé parfaite : « *Huit livres de suc de* mercuriale *(ou ramberge[76]), deux livres de suc de bourrache, tiges et feuilles, douze livres de miel (le meilleur du pays). Mettre le tout à bouillir, écumer, chauffer, clarifier. Infuser à part pendant vingt-quatre heures. Ajouter quatre onces de racines de gentiane coupées en tranches dans trois chopines de vin blanc sur des cendres chaudes. Passer au travers d'un linge et ajouter aux sucs et miel ; cuire jusqu'à consistance d'un sirop. Mettre à rafraîchir dans une terrine vernie, puis dans des bouteilles dans un lieu tempéré. En prendre une cuillerée tous les matins.* » Évidemment, les quantités et le temps de préparation étaient contraignants, mais « *elle*

A gauche
*Absinthes
(Absinthium vulgare) :* symbole des épreuves de la vie dans les Écritures, cette plante était pourtant chargée de les adoucir.
(Muséum national d'histoire naturelle, Estampe, Dist. RMN)

En bas
Matériel de préparation de remèdes : alambic, cornue, fourneau, pots, balance...
(*Livre d'Abraham le Juif,* Nicolas Flamel, ms. Fr. 14765, planche 1, BnF)

« *Qui fait bouillir de la lavande avec du vin et du miel et en boit souvent tiède soulagera les douleurs de son foie et de ses poumons ainsi que l'oppression de sa poitrine, purifiera son savoir et clarifiera ses idées.* »

Ou un remède omnipotent, mais dans lequel le goût du vin et la douceur du miel devaient être bienvenus : « *Quand l'absinthe est encore jeune, broie-la, presses-en le jus à travers un linge, fais bouillir ensuite du vin avec un peu de miel et verse le jus dans le vin, de manière que le goût du vin au miel domine celui du jus et bois-en un jour sur trois, de mai à octobre avant d'aller à table. Il ôtera en toi la mélancolie, clarifiera tes yeux, renforcera ton cœur, empêchera tes poumons de s'affaiblir, réchauffera ton estomac, nettoiera ton intestin et t'assurera une bonne digestion.* »

La croyance en tant de bienfaits était nécessaire, ainsi que le vin et le miel, pour faire oublier l'amertume de l'absinthe, symbole d'épreuves et de peines dans la Bible. Cette plante oubliée comme alcool destructeur est encore utilisée avec précaution par les phytothérapeutes modernes, notamment comme vermifuge et antiseptique, mais « *il faut en*

prolonge la vie, rétablit la santé contre toutes sortes de maladies, même la goutte, dissipe la chaleur des entrailles et quand il ne resterait plus dans le corps qu'un petit morceau de poumon et que le reste serait gâté, il maintiendrait le bon et rétablirait le mauvais […] bon pour les douleurs de l'estomac, les sciatiques, vertiges, migraines, douleurs internes, etc. » !

Ou encore, si ce n'était pas suffisant, l'*Antidotaire Nicolas* proposait la « Benedicta » (Benoîte) : « *Benoîte est dite, car ceux qui la reçoivent la bénissent. Elle vaut à arthritiques, podagres, elle fait pisser, elle purge les reins et la vessie.* » Elle consistait à mêler girofle, safran, saxifrage, poivre long, sel gemme, sucre, galanga, carvi, fenouil « *avec du miel suffisant, à prendre le soir avec du vin chaud, en quantité d'une châtaigne* ».

Avec de la farine

Dans les remèdes, la farine apportait un peu de ses qualités nutritives, mais surtout enrobait de façon plus appétissante et rassurante des ingrédients la plupart du temps pas très tentants ! Utilisée sous la forme de gâteaux, de petites « tourtes », de crêpes ou de pain, la farine ajoutait aux remèdes une notion de plaisir gustatif propice à leur bonne assimilation.

Cette préparation de remèdes s'appliquait bien sûr aux troubles internes tels que « *les douleurs et obstruction du foie et de la rate* » pour lesquelles, « *si l'on trouve de la scolopendre (fougère) dans un endroit où le soleil a pu rayonner et briller à loisir, la broyer et la mélanger* »

Ci-dessous
Le roi Jayanagara
recevant des épices.
Les épices constituaient
un cadeau… royal
(*Le Livre des Merveilles*, ms. Fr. 2810, f° 190 v°, BnF)

à de la farine pour en composer de petites tourtes ou des crêpes : le malade en mangera pendant neuf jours ». Ou avec la pariétaire, qui était aussi appelée « herbe à verre », « parce qu'elle nettoie bien le verre ». « *Contre les douleurs du ventre, les douleurs d'estomac et de boyaux […] les femmes de Salerne donnent à manger des tourtes ou des crêpes confectionnées de pariétaire et de farine.* » (Pl.)

Mais ces préparations convenaient aussi à bien d'autres maux. Par exemple, contre la fièvre quarte : « *quarante-cinq petites crêpes faites avec du chèvrefeuille, cueilli au déclin de la lune, broyé et mêlé à de la farine et de l'huile : le premier jour, en consommer neuf, le second, huit (ainsi jusqu'à la dernière) […] le malade sera guéri, c'est chose prouvée* ».

Et aussi, « *contre les écrouelles et les glandes dures, faire de petites tourtes avec de la farine et de la racine de scrofulaire sèche et réduite en poudre […] le malade après en avoir mangé, boira un demi-hanap de vin blanc pur et très bon* ». Contre les ulcères : des fèves en poudre, mêlées avec de la farine et de l'eau pour former une sorte de galette, « *qu'il mettra souvent sur son ulcère, elle tirera son mal et elle le guérira* » (H.).

Une boulangerie, avec ses petits pains tentants, parfois chargés de faire oublier le goût des remèdes.
(*Tacuinum sanitatis*, ms. Lat. 9333, f° 61 v°, BnF)

Ces remèdes doucement enveloppés devaient non seulement guérir, mais aussi simplement aider à se sentir mieux et plus heureux. Sainte Hildegarde indique ainsi une recette, sinon efficace en tout cas tentante, si l'on a trop lu, ou trop écrit : « *Celui dont le cerveau est faible et en quelque sorte vide pulvérisera du* serpolet *séché et mélangera cette poudre avec de l'eau et de la fleur de farine, puis en confectionnera des gâteaux qu'il mangera souvent, et son cerveau s'améliorera.* »

Et si l'on est triste, elle préconise une « poudre qui réjouit le cœur » : « *Prends du* géranium *bec-de-grue, un peu moins de poudre de menthe pouliot et de la rue fétide encore moins que de menthe. Mange souvent de cette poudre dans du pain, ainsi ton cœur sera-t-il renforcé et tu retrouveras la joie.* » Ou cette autre recette, un peu plus coûteuse au Moyen Âge où les épices étaient rares : « *Prends de la noix de muscade, un poids égal de cannelle et de l'*œillet *modérément, pulvérise le tout et, de cette poudre, confectionne avec de la fleur de farine et un peu d'eau des gâteaux. Manges-en souvent et toutes les amertumes de ton cœur et de tes pensées disparaîtront, ton cœur et tes pensées bloquées s'épancheront, ton humeur deviendra joyeuse et ta voix, pure ; ces gâteaux donneront bonne humeur à ton sang et te fortifieront.* »

Toutefois, le plus simple de ces remèdes est cité dans *La Médecine des pauvres* de Rhazès : « *Une fille affligée d'un mal de tête depuis longtemps, auquel plusieurs saignées, bains, eaux, avaient été inutiles, a été guérie en prenant, plusieurs matins, un petit pain trempé dans de l'eau commune. Ce même remède a guéri des cholera-morbus dans leur commencement.* » Ce remède avait au moins le mérite d'être sans danger… si l'eau était potable, bien sûr !

Avec de l'huile

Beaucoup de remèdes utilisant l'huile étaient destinés à soulager les tensions des muscles, des tendons, à soigner les rhumatismes ou même la goutte : « *Quand quelqu'un est torturé par la goutte, qu'il mette des roses dans de l'huile d'olive et là où la goutte agite son corps, qu'il s'en oigne et il ira mieux.* » (H.) Ou : « *Enduire un malade atteint de fièvre de poivre et d'huile d'olive ôte, sans doute aucun, la froidure et les tremblements qui apparaissent au début de cet accès.* » Selon Platearius : « *Contre la douleur des nerfs et les tremblements des membres, oindre d'huile rosat*[77]

chaude. *Cela ôte toute douleur et tremblement causés par les humeurs qui descendent le long des nerfs.* »

Unir les propriétés émollientes de la mauve à celles de l'huile apaisait les brûlures : « *Pour toute brûlure provoquée par feu ou liquide chaud, cuire des feuilles de mauve dans l'huile d'olive, oindre de cette huile et ensuite appliquer les feuilles sur l'endroit brûlé.* »

Plus inattendue, une recette énergique était censée aider ceux qui étaient mordus par un chien enragé, et qui en gardaient une horreur de l'eau, même à boire, selon le *De re*

Fabricant de la précieuse huile d'olive, à qui l'on apporte des sacs de ces fruits.
(*Tacuinum sanitatis*, ms. Lat. 9333, f° 88 v°, BnF)

Page de droite, en haut
Pressoir à olives.
(*Histoire naturelle de Pline*, ms. Latin de 1481, Biblioteca Nazionale Marciana Venise)
© Dagli Orti

Page de droite, en bas
Médecin enduisant d'huile un patient.
(*Chirurgia magistri Rogerii*, XIVe siècle, Bibliothèque universitaire de médecine de Montpellier) © Dagli Orti

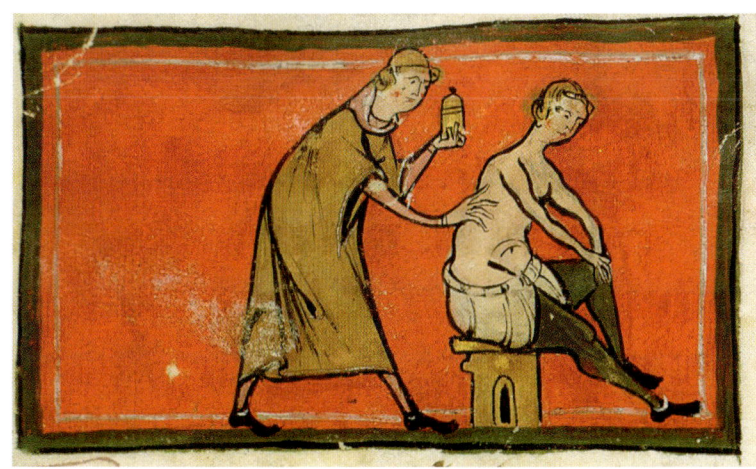

medica : « Précipiter à l'improviste le patient dans une piscine qu'il n'aura pas vue et, s'il ne sait pas nager, le laisser tantôt boire sous l'eau, tantôt remonter [...]. » S'il ne s'est pas noyé, mais risque « d'être emporté par les convulsions, il faut plonger immédiatement le malade au sortir de la piscine dans de l'huile chaude » !

Sans oublier bien sûr, comme nous l'avons vu, la magie de la chicorée mêlée à l'huile dont il suffisait de s'enduire pour « s'attirer plus de faveurs et obtenir plus facilement ce que l'on désire »...

Autres composantes et remèdes… insolites

Plantes, vin, miel ou farine que nous avons rencontrés dans des remèdes font souvent partie de nos habitudes alimentaires ou médicinales, même si leur assemblage médiéval nous paraît parfois curieux et risqué. Mais d'autres ingrédients utilisés alors nous semblent maintenant souvent dangereux et pour le moins étonnants, surprenants, voire répugnants.

Suies, cendres, poudres

Les résidus d'objets divers, brûlés, figuraient souvent dans les préparations.

La suie de cheminées était très prisée : *« On la doit conserver avec soin, car c'est un trésor de médecine pour arrêter, dessécher les eaux qui découlent des yeux et pour fermer les fistules lacrymales »*, préconise Albert le Grand. Elle servait aussi, entre autres, pour guérir les inflammations ou les engelures, avec *« la suie de nos cheminées la plus fine, mêlée avec du fort vinaigre »*.

Divers objets brûlés convenaient aussi : *« Il n'y a personne qui ne sache que la poudre de nid d'hirondelle est un remède inestimable contre les inflammations, si on la mêle avec du miel et qu'on en frotte l'endroit offensé, au-dehors et au-dedans si on peut. »*

Des siècles plus tard, dom Alexandre préconise, cette fois contre les hémorroïdes, d'*« oindre le mal avec poudre fine d'ardoise, ou de corne du pied d'un cheval, ou d'écailles d'huîtres calcinées dans le feu, pilée et passée au tamis, et incorporée à froid avec du beurre nouveau battu, non lavé, ni salé »*. L'auteur indique pour le même mal une autre recette plus simple : *« Attachez à votre chemise une racine de sceau-de-Salomon ou d'orpin et, à mesure qu'elle se desséchera, la douleur s'apaisera. »* (¿)

Des extraits d'animaux : bézoard et castoréum

Nous avons vu des pierres, plus ou moins précieuses, faisant partie de la pharmacopée, officielle ou magique. Une « pierre », le bézoard, est plus inattendue. Le bézoard, « pierre de fiel » ou « perle d'estomac » était formé par des corps étrangers condensés en petites boules dans l'estomac de certains animaux. Ces petites boules étaient très recherchées, surtout lorsqu'elles étaient censées provenir d'animaux exotiques. Consommés râpés en poudre, seuls ou dans du vin, ou enchâssés comme des bijoux précieux et portés autour du cou, ces bézoards devaient soigner la mélancolie, protéger contre les serpents, guérir de la peste, de l'épilepsie, etc.

La confiance en cette petite « pierre » a duré très longtemps puisqu'en 1611, le futur cardinal de Richelieu remerciait les chartreux de lui avoir prêté un bézoard, *« venu fort à propos pour me tirer d'une assez fâcheuse*

Animal portant le bézoard : cette « pierre » fabuleuse longtemps jugée capable d'accomplir des guérisons.
(*Histoire générale des drogues,* 1694, p. 10, BnF)

Animal portant le Bezoar

maladie ». Au XVIIIe siècle encore, Nicolas Lémery[78] écrivait : « *Le bézoard est propre pour fortifier le cœur, pour exciter la sueur, pour arrêter les cours de ventre ; on s'en sert dans la peste, la petite vérole, la dysenterie, l'épilepsie* », etc.

Le castoréum était extrait de la glande à musc du castor, puis réduit en poudre. La poudre de castoréum était déjà signalée par Dioscoride contre les maladies des nerfs, les convulsions et la paralysie. Pline indique : « *Héraclide a donné, contre les ballonnements d'estomac, une pincée de graine d'*anis *avec deux oboles de castoréum dans du vin miellé.* » Le castoréum entrait dans une recette de l'*Antidotaire Nicolas,*

l'« *Aurea Alexandrina* » « *contre toute douleur due au rhume et au froid* ». Ce précieux remède contenait en outre une autre pierre « organique », l'ivoire, utilisée en « limeure d'iveure », mais aussi du corail, de l'or cuit, de l'argent, des perles… et 41 plantes. Dans ses « Commentaires », Paul Dorveaux, qui publia en 1896 des traductions de l'*Antidotaire*, précise que « *cette confection n'a disparu des traités de pharmacie qu'au siècle dernier* » (malgré la complication du remède et la valeur de certains de ses composants). Il ajoute qu'« *en 1894, l'inventaire de la pharmacie de l'hôpital Saint-Nicolas de Metz indique encore : « vj livres de rasure d'yvoire »* ».

Urines…

D'autres composants des remèdes sont aussi surprenants pour nous. En particulier, l'utilisation intensive de l'urine et des excréments.

Dans ses *Aphorismes*[79] Hippocrate, cinq siècles avant notre ère, s'attarde longuement sur l'importance de l'observation des urines pour le diagnostic des maladies et même pour l'issue de celles-ci. Albert le Grand insiste sur cette importance : « *L'urine est chaude et âcre et je la crois plus précieuse que les simples de la confection de thériaque d'Andromaque [laquelle, nous le verrons était* extrêmement compliquée à préparer] et que les secrets de Rufus, parce que tous ces remèdes excellents peuvent manquer, et que l'urine est infaillible dans ses propriétés. *»*

Saint Côme, patron des chirurgiens, a pour attribut un urinal (ou *matula*), symbole des « maîtres mires » pratiquant l'« uromancie ». Tout au long des siècles, cette observation des urines restera essentielle – les médecins de Molière en témoignent encore au XVIIᵉ siècle – et nous verrons cet « ingrédient » figurer dans de nombreux remèdes.

Malade alité et médecin tenant le « matula » ou « urinal », longtemps attribut des médecins, disciples de saint Côme.
(Livre des propriétés des choses, ms. Fr. 22534, fᵒ 91 vᵒ, BnF)

… et excréments

Les excréments, quant à eux, figurent déjà dans les remèdes égyptiens. Crottes de chauve-souris pour soigner les troubles visuels, excréments de petit bétail cuits, broyés, appliqués pour soigner les brûlures[80]. On les retrouve souvent au Moyen Âge, sous de multiples formes : provenant d'humains ou d'animaux, selon la croyance que « *toute souillure contient un principe actif qui, convenablement utilisé, peut apporter la guérison* ».

Cette croyance dans les propriétés guérisseuses des excréments était si grande qu'Albert le Grand en propose un petit traité intitulé *De la vertu des fientes* – tant celles des hommes que des animaux –, citant Hippocrate, Galien, Dioscoride qui « *en faisaient un grand cas* ».

La mummie

Parmi ces éléments que nous trouvons répugnants, mais qui étaient très recherchés, figure la « mummie » (ou mumie). Ce liquide noir, à l'odeur forte, provenait probablement, au départ, de momies égyptiennes rapportées du lointain Orient par bateaux. Auréolé de mystère et d'exotisme, cet ingrédient était supposé pouvoir contribuer à guérir de nombreuses maladies. Bien vite, les apothicaires tentèrent de fournir à la demande en imprégnant des cadavres de suppliciés ou de morts anonymes avec des plantes aussi exotiques que celles des vraies momies, comme l'aloès ou l'encens. Entourés de bandelettes, exposés plusieurs semaines au soleil, ces cadavres fournissaient à leur tour ce précieux liquide guérisseur, mêlé ensuite à des tisanes ou d'autres ingrédients. Au XVIe siècle encore, Matthioli conseille pour guérir les maux de tête d'instiller de la mummie dans les narines, avec de l'eau de marjolaine…

Des minéraux

Dans de nombreux remèdes figurent par ailleurs des extraits minéraux inquiétants, qui viennent s'ajouter au fil des découvertes et des apports étrangers. Ainsi en est-il du « vitriol vert », ou « huile de vitriol », appellations de l'acide sulfurique, introduit par le Persan Rhazès, médecin mais aussi alchimiste ; du vert-de-gris, de l'écume d'argent, du mercure ; du pétrole, « huile de pierre[81] » très recherchée pour « *attirer les humeurs* ». Alors que, jusque vers le Xe siècle, les remèdes ne contenaient pratiquement que des plantes, les apports de médecines antiques ou lointaines, comme la médecine arabe, les écrits de l'École de Salerne, transmis de diverses façons, entre autres par les croisés, y ajoutent pierres, minéraux divers, plantes exotiques, alcool, etc.

Minéraux et ingrédients divers : résines, vif-argent, vitriol, etc., peu à peu ajoutés aux remèdes médiévaux.
(*Livre des simples médecines*, ms. Fr. 12322, f° 191 v, BnF)

Et les animaux

Si les plantes restent depuis toujours les plus importantes composantes des remèdes, les animaux occupèrent aussi pendant des siècles un grand rôle dans la pharmacopée. Vivants ou morts, coupés, bouillis, pulvérisés, ils entraient comme nous le verrons dans de multiples préparations.

La Thériaque

Ce très célèbre remède est un bon exemple de l'association de multiples composants : végétaux, minéraux, animaux s'y retrouvent mêlés, augmentés et modifiés au cours des siècles. La thériaque, restée au Codex – et utilisée – jusqu'à la fin du XIXe siècle, est censée avoir été inventée par Hippocrate, cinq siècles avant notre ère. Perfectionnée par Andromaque, médecin de Néron, au Ier siècle, préconisée par Galien et Avicenne, la Thériaque était supposée guérir de multiples maladies et même maintenir en forme ceux qui n'étaient pas malades. Pour obtenir ce résultat, 56 puis 74 composantes étaient réunies – avec des modifications au fil des siècles. Parmi les 56 composantes de la recette d'Avicenne, près de 50 sont des plantes, avec lesquelles figurent aussi du sulfate de fer, du bitume de Judée, de la terre sigillée, du vin, du miel, et même, à certaines époques, des tronçons de vipère… mais toujours, et surtout, de l'opium.

Cette Thériaque était considérée comme tellement importante et universelle que, dès le XIIIe siècle, les apothicaires qui la composaient devaient le faire sur la place publique, après vérification des ingrédients utilisés.

Page de droite
Préparation de la Thériaque,
dont la recette évoluera d'Hippocrate au XIXe **siècle.**
(*Livre de la thériaque,* Pseudo-Galien, « Kitâb al-diryâq », ms. Arabe 2964, p. 15, BnF)

Fleur et graines de pavot.
(*De herbis* du Pseudo, ms. Lat. 6862, f° 56, BnF)

Remèdes insolites

À côté des remèdes que nous avons vus, intégrant des éléments que nous connaissons et « admettons » (mais toujours à éviter sans avis compétent), il en est d'autres surprenants et dérangeants pour nous. Parfois répugnants, souvent cruels et dangereux, ils nous font vraiment plaindre les malades d'autrefois… et rester dubitatifs devant l'opinion de Celsus : « *Mieux vaut tenter un remède incertain que de n'en essayer aucun*[82]. »

Il semble inutile d'ajouter ici l'habituelle formule : « *danger, ne pas utiliser, etc.* », en pouvant affirmer que, de nos jours, personne ne serait tenté d'essayer l'un de ces remèdes ! Et comme l'écrivait sagement Rhazès dans son *Guide du médecin nomade* : « *Ne recours jamais aux médicaments compliqués et inconnus autant que faire se peut. Attends d'être éclairé par l'expérience et par l'observation.* »

Beaucoup, parmi les éléments organiques, minéraux, animaux ou même parfois végétaux qui entraient dans les compositions, devaient provoquer des réactions parfois pénibles, en tout cas nécessitant un estomac et un odorat à toute épreuve.

Uroscopie et son interprétation par le médecin.
(*Caballero Cifar. Espagne. Castille*, ms. Esp. 36, f° 97 v° [détail], BnF)

Remèdes « organiques »

La grande importance accordée pendant des siècles, et même des millénaires, à des éléments tels que les urines et excréments de tous ordres est surprenante pour nous qui nous contentons d'analyses dans le secret des laboratoires.

L'urine

« *Infaillible dans ses propriétés* », l'urine est restée longtemps une des bases de la médecine puisque – simplement en l'observant – elle pouvait indiquer les points faibles du patient, donc le traitement souhaitable. Toutefois, son rôle ne se bornait pas à l'observation et elle faisait partie des médecines. À condition de bien la choisir, comme le précise Albert le Grand : « *Si quelqu'un boit l'urine d'un jeune homme qui est en parfaite santé, il doit être assuré qu'il n'y a point de remède plus souverain au monde, car elle guérit la teigne et les ulcères suppurants des oreilles, et les plaies invétérées, elle sert encore à plusieurs autres maux* » !

Si on y mêlait des plantes, l'urine soignait aussi de la tête aux pieds : ainsi, « *les mauves pourries dans l'urine guérissent les ulcères suintants de la tête* » et « *la nigelle pilée dans l'urine guérit les cors aux pieds* » – et sauvait même du venin des serpents, si l'on y ajoutait du bouillon-blanc et du groseillier rouge…

Nuancier pour les urines (XIIIe siècle) **censé indiquer la maladie et l'état du malade.**
(*Petit traité d'hygiène et de médecine, ms. Lat. 11229, f° 19 v°, BnF*)

Fientes et divers excréments

Ils étaient eux aussi très appréciés, et en particulier les excréments humains : « *L'homme est la plus noble des créatures et ses excréments ont aussi une propriété particulière et merveilleuse pour guérir plusieurs maladies.* » Par exemple, « *les excréments d'un jeune homme de bon tempérament (spécialement nourri, et abreuvé de « vin clairet ») conservés fort soigneusement ; ensuite on les mêlera avec autant de miel et on les fera boire et avaler comme de l'opiat* » pour guérir les « *maux de*

« *Le loup est un animal cruel qui dévore souvent la chair avec les os* » lesquels, recueillis parmi les fientes, étaient censés particulièrement efficaces (Albert le Grand). (*Le Livre de la chasse de Gaston Phébus,* ms. Fr. 616, f° 31 v°, XVᵉ siècle, BnF)

Poulailler.
(*Codex d'Oppien,* ms. Grec, XIᵉ siècle, Biblioteca Nazionale Marciana Venise) © Dagli Orti.

gosier, sans aucun autre remède » ; ou : « *Prendre la fiente d'un homme roux distillée dans l'eau ; cette eau sera souveraine. En appliquer pour cicatriser les plaies et les ulcères.* »

Mais les fientes animales étaient aussi très utilisées, soigneusement choisies selon le type de maladie à traiter. Albert le Grand, se référant le plus souvent à Dioscoride, Galien ou Oribase et « *à ses propres expériences* », s'émerveille des possibilités de guérison qu'elles renferment ! Les fientes de chien ou de loup contre la dysenterie ; de vache contre l'hydropisie… ou les piqûres d'insectes ; de porc, car « *il n'y a rien de meilleur*

dans cet animal que sa fiente » (!), souveraine contre les crachements de sang « *fricassée avec le sang et du beurre* »… Celles des chèvres étaient particulièrement utiles : « *Ce secret semblera ridicule, mais il est véritable, car j'ai guéri plus de onze personnes de la jaunisse, leur faisant boire tous les matins, pendant huit jours, cinq petites crottes de chèvre dans du vin blanc.* » (A. G.)

Au XVIII⁰ siècle, ce type de remède était toujours recommandé : « *Une paysanne souffrant de constipation accompagnée de douleur, ayant usé inutilement de séné et de rhubarbe, s'est lâché le ventre en appliquant dessus de la fiente de brebis toute récente, en forme de cataplasme* » ; et l'auteur ajoute que « *cette fiente est bonne pour les plaies* » et « *dans du vin d'Espagne ou de la bière, fera sans faute sortir la petite vérole et la guérira en fort peu de temps*[83] ».

La fiente de poule, selon Galien, pouvait « *guérir toutes les vieilles coliques, mêlée à du miel et du vin* »… et les crottes de souris, combler les dents creuses !

Sans s'attarder plus longtemps sur ces remèdes (sauf en en indiquant un contre les nausées !), il faut préciser que d'Hippocrate aux médecins de la fin du XVIII⁰ siècle, et même plus tard pour certains, ils étaient souvent prescrits.

Porcs : « Novembre, la Glandée ».
Un tanin utilisé contre la phtisie jusqu'au XIX⁰ siècle. et contenu dans les glands dont se nourrissent les porcs, explique peut-être la « recette » d'Albert le Grand.
(*Les Très Riches Heures du duc de Berry*, ms. 65, f° 1 v°, Chantilly, Musée de Condé)
© RMN (Domaine de Chantilly)/René-Gabriel Ojéda.

Remèdes avec des minéraux, des pierres précieuses

La plupart des minéraux utilisés dans les remèdes étaient fortement corrosifs, souvent dangereux et indubitablement douloureux, certaines recettes paraissant relever plus du supplice que des soins.

Parmi les plus « doux » – mais il est aussi le plus cher –, le « Diamargariton » de Gilles de Corbeil, au XIIᵉ siècle, doit son nom aux deux pierres qui entraient dans sa composition, diamant et perle. De plus, Gilles de Corbeil précise : « *Si le malade est riche, il est bon d'ajouter d'autres ingrédients : que l'on fasse broyer les pierres précieuses, réduire l'or en poudre et qu'on y mêle l'ambre et les baumes qui conviennent à chaque genre de maladies*[84]. » Pour ces malades aisés, Avicenne et les médecins arabes avaient initié l'utilisation de la poudre d'or sur les pilules, afin d'en rendre l'aspect

Chercheurs de diamants dans les montagnes.
(*Le devisement du monde – Le Livre des Merveilles*, ms. Fr. 2810, fᵒ 82, XVᵉ siècle, BnF)

Extraction de l'orpiment.
Sulfure d'arsenic, son nom, du latin « *aurum* » et « *pigmentum* », montre aussi son utilisation comme colorant or, depuis l'Antiquité.
(*Livre des simples médecines*, ms. Fr. 12322, fᵒ 168 v, XVIᵉ siècle, BnF)

Pêche aux perles dans le golfe autour de Malabar, Inde.
Cette dangereuse pêche était toujours utile car, même si les perles étaient absentes, les coquilles d'huîtres pilées « soignaient les ulcères ».
(*Les voyages de Marco Polo*, Bodely 264, f° 264 r°, Bodleian Library, Oxford, XV⁰ siècle) © Dagli Orti

plus engageant et faire oublier leur goût. Il nous en est resté l'expression « *dorer la pilule à quelqu'un* ».

En revanche, la majorité des autres remèdes « minéraux » laissent dubitatifs quant à leur issue : « *Contre de fortes douleurs de ventre, certains donnent du pétrole, qu'on appelle aussi « Huile de pierre », chaud et sec au 4ᵉ degré, à boire à raison d'une drachme[85] ou deux. On a vu certains en guérir, et aussi certains en mourir.* » (Pl.)… Ce qui semble plus probable !

Ou : « *Contre l'empêchement de souffle appelé asthme, donner de la poudre d'Euphorbium avec un peu de mastic[86]. Cependant, il convient auparavant de faire prendre des médecines propres à digérer la matière : la poudre d'Euphorbium corrode et ronge les chairs superflues, en quelque partie du corps que ce soit.* »

Les remèdes contenant des minéraux étaient souvent employés pour soigner les blessures et les inflammations diverses. Celsus indique par exemple que « *parmi les emplâtres, il n'en est pas de plus usités que ceux*

qui s'appliquent immédiatement sur les plaies saignantes » et en donne des recettes, comme « le meilleur des emplâtres est celui appelé Barbare. Il contient : raclures de vert-de-gris, écume d'argent, poix sèche, résine de pin, auxquels on ajoute du vinaigre » ou « un emplâtre « agglutinatif » », composé de « bitume, alun scissile, écume d'argent, vieille huile ».

Par ailleurs, « s'il s'écoule du sang de la membrane qui est sur le cerveau, on la saupoudre d'un jaune d'œuf brûlé et pilé », mais, « si l'hémorragie a sa source autre part, on mêle : orpiment[87], battitures de cuivre, sandaraque, marbre cuit ».

Guy de Chauliac[88] conseille, pour résoudre les enflures sur le crâne, « de l'huile de camomille, ou d'aneth auquel soit incorporé du soufre » plus « deux cautères si nécessaire » puis « on applique de la laine ou de l'étoupe, trempée dans l'huile et du vin tiède selon Avicenne ». Un emplâtre pour les fractures du crâne, recommandé par Celsus,

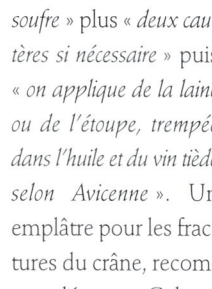

mêle onze substances différentes, dont du sel, du vinaigre, du cuivre brûlé, du suif de veau, de la gomme ammoniaque. D'autres recettes d'emplâtres sont données par le même auteur : « emplâtre rongeant » à base de « battitures de cuivre, alun, écume d'argent, suie d'encens », etc. Ou encore : « emplâtre qui corrode les chairs exubérantes et dissout les os », dans lequel se mêlent, entre autres, aux ingrédients précédents « du sel ammoniac, du noir de cordonnier, de la vieille huile, du vinaigre », etc.

Platearius préconise contre les ulcérations avec écoulement de « prendre de la poudre de vitriol et mêler à deux tiers de farine de fève. Avec de la lessive ou du savon, former une tente[89] que l'on introduira dans le trou de la fistule. Elle l'élargira convenablement et s'il y a quelques os brisés ou cassés, on pourra les enlever. »

Les soins des yeux n'étaient pas plus doux. En cas d'yeux douloureux, du serpentaire mêlé à de la chaux vive et du vinaigre servait de collyre ; ou, plus doux (?) : « Pour soigner la taie de l'œil, mélanger de la chélidoine avec du miel et du poivre. » (Pl.)

Médecin mettant du collyre dans les yeux d'un malade (XIIIᵉ siècle).
(Hauy seu Continens – Traité de Razès, ms. Lat. 6912, t. 1, fᵒ 52 vᵒ, BnF)

Chirurgien « soignant » la boîte crânienne d'un malade… en la découpant.
(Liber notabillum Philippi septimi francorum regis, a libris Galieni extractus de Guy de Pavie [1345], Inv. ms. 334, fᵒ 268, Chantilly, Musée Condé) © RMN (Domaine de Chantilly)/René-Gabriel Ojéda)

Remèdes avec des animaux

Les remèdes et traitements dans lesquels entraient des animaux, morts ou vifs, sont extrêmement nombreux depuis l'Antiquité jusqu'au Moyen Âge et, pour certains, leur utilisation continuera pendant les siècles suivants. L'*opothérap*ie ou thérapeutique avec des produits d'origine animale est millénaire et universelle et pratiquée de multiples façons.

Les sangsues

Elles rendaient de nombreux services. Leur usage est très ancien puisqu'« *on a pu déceler des esquisses de sangsues sur les peintures murales des sépultures de la 18ᵉ dynastie des pharaons (1567-1308 avant notre ère)* [90] ». L'hirudinoculture, cette culture des sangsues, connut son apogée au XIXᵉ siècle, mais est encore pratiquée et les sangsues, toujours utilisées de nos jours[91].

À l'époque médiévale, les sangsues servaient à extirper les mauvaises humeurs du corps humain, bien que fortement concurrencées par les saignées. Quelques remèdes réunissaient les deux « techniques » :

« *En cas de gencives enflées, appliquer des ventouses avec scarification au cou et aux épaules. Ensuite, appliquer des sangsues sur les gencives, puis laver la bouche deux ou trois fois par jour pendant quatre jours avec du vinaigre où on aura cuit de*

l'alun, des noix de galle et des roses. » Cette recette[92] serait à relire avant d'aller chez le dentiste pour se consoler…

Il pouvait toutefois arriver qu'une sangsue « glisse » et soit avalée ! « *Dans ce cas, si elle est descendue au fond du gosier ou au milieu de celui-ci, il faut le gargariser plusieurs fois de vinaigre dans lequel on aura fait dissoudre de la moutarde. Si elle est près de l'orifice de l'estomac, il faut avaler peu à peu de l'huile avec un peu de vinaigre*[93]. »

Escargots et limaces

Autres animaux à la salive utile, les escargots (ou limaçons) étaient censés avoir bien des pouvoirs : « *Les escargots sont réputés guérir les chancres et les dartres avec leur bave* » selon Jean de Cuba, dans l'*Hortus sanitatis*, au XVᵉ siècle.

Mais les escargots avaient d'autres utilisations. Selon Pline, « *les écrouelles des femmes se guérissent à l'aide de vieux limaçons très desséchés et pelés* » ou « *les petits grains sablonneux des cornes de limaçon dissipent à l'instant les rages de dents*[94] ».

Selon Albert le Grand, pour soigner les yeux, « *Galien nous apprend un secret admirable que j'ai expérimenté moi-même : si on prend des limaçons en morceaux, biens mêlés avec de la poudre d'encens et d'*aloès*, jusqu'à ce que ce soit épais comme du miel ; on les applique sur le front : ils guérissent toutes les fluxions des yeux.* »

Escargots.
(Les Grandes Heures d'Anne de Bretagne, ms. Lat. 9474, fᵒ 10, 56, 86, 95, BnF)

Les serpents

Les serpents, vipères notamment, déjà utilisés dans l'Antiquité, étaient très appréciés dans les remèdes au Moyen Âge, mais aussi dans les siècles suivants (de nos jours, leur venin est encore utilisé – entre autres – dans des médicaments pour le cœur). Des tronçons de vipère avaient été ajoutés à la thériaque pour en augmenter l'efficacité.

Au XVIIe siècle, le très savant Jean Adrien Helvetius, premier médecin de Louis XV, préconise une recette encore très médiévale[95] : « *Le Bouillon de vipères pour purifier la masse de sang* ». Dans ce remède, outre un poulet dégraissé, de la **pimprenelle**, de la chicorée, du **cerfeuil**, de la laitue, « *épluchés, lavés et coupés menus* », il fallait « *une vipère écorchée en vie, que vous couperez par morceaux* » ; et, si on ne s'était pas fait mordre par la vipère, « *faites bouillir le tout dans trois chopines d'eau* ». Une fois passé, « *rien n'est plus utile que ce bouillon, pris tous les matins à jeun, non seulement à la suite d'apoplexie, paralysie, mais encore pour guérir gale, érésipèles, clous, etc.* » Et à la même époque, les préparations à base de vipère étaient très recommandées pour les sujets ayant des problèmes de vue…

Contre les divers abcès, furoncles, etc., il y avait aussi de nombreux remèdes : pour les écrouelles (scrofules), « *prendre un serpent roux, lui couper la tête et la queue sur environ quatre doigts et les placer dans un pot percé au fond* » et placé sur un autre pot non percé, chauffé au bain-marie ; il fallait attendre que la graisse du serpent tombe dans ce pot. Elle était ensuite mélangée à de la poudre d'**ellébore** noir et de la poudre de racine de **câprier** ; « *l'onguent est ainsi prêt à être appliqué sur les écrouelles* ».

Les vers de terre

Depuis l'Antiquité, les vers de terre figurent souvent dans les remèdes. Albert le Grand, citant Galien et Dioscoride, précise d'ailleurs : « *Les vers de terre sont bien reçus dans la médecine, de quelque manière qu'on les prenne.* »

Prétendues efficaces, les médecines incluant des vers de terre devaient être parfois particulièrement pénibles. Ainsi, Dioscoride conseillait-il : « *Contre les chancres, mêler de la poudre d'alun et de la chaux vive à des vers de terre grasse vivants. Une tente de cette confection introduite dans les fistules est très efficace.* » Et si les inflammations étaient dans les oreilles, il recommandait les vers de terre « *cuits dans de la graisse d'oie et introduits dans le conduit de l'oreille* ».

Tableau des serpents (1199).
(Livre de la thériaque,
ms. Arabe 2964, p. 25, BnF).

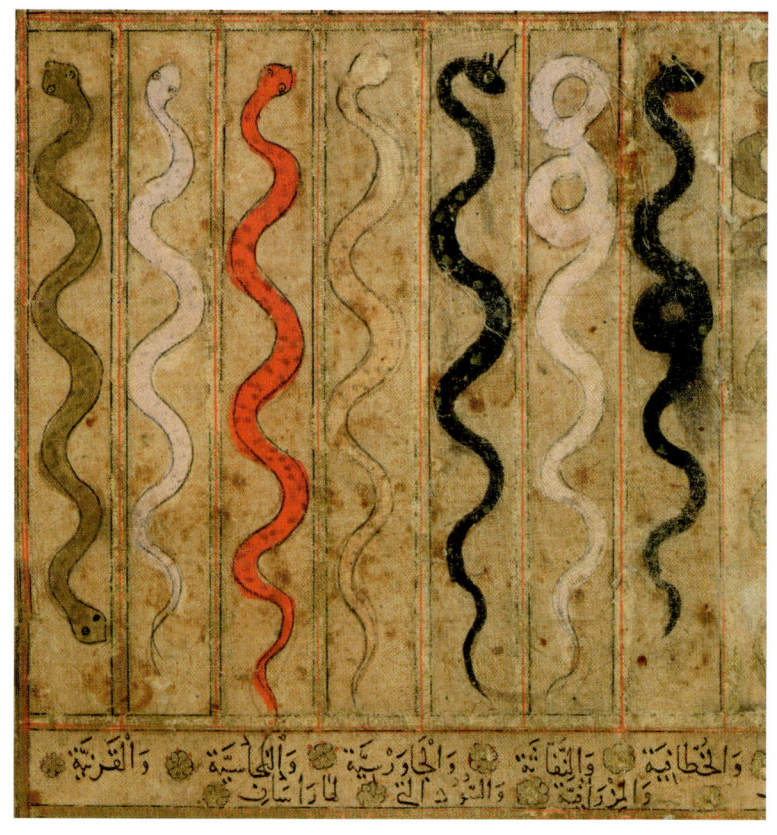

Pour les plus patients, Arnaud de Villeneuve[96] préconisait comme soins des panaris et des furoncles : « *Tirer un ver de terre de dedans un endroit humide, l'entortiller tout vivant autour du doigt et l'y arrêter avec un linge. Laisser faire jusqu'à ce qu'il meure, ce qui arrive au bout d'une heure. Il n'y a pas de meilleur remède pour dissiper tumeur et douleur.* » Ou : « *Mettez le doigt dans l'oreille d'un chat vivant qu'il faudra bien tenir, car il se tourmente beaucoup pour s'échapper. On prétend qu'il attire le venin.* »

Mais ils pouvaient agir aussi sous forme de boisson. Ainsi, « *hachés et cuits dans de l'eau et du miel, si l'on boit de cette composition, elle guérit les rétentions d'urine, quelque invétérées qu'elles soient* ». Cette préparation « *guérit aussi en peu de temps la jaunisse* ».

Les insectes

Vivants ou morts, les insectes et divers arthropodes avaient eux aussi leur utilité.

Les poux, par exemple, étaient soigneusement gardés. Leur simple présence sur la tête était signe de bonne santé, car ils étaient censés sucer le mauvais sang. Mais ils pouvaient aussi servir de médicament. Pour les fluxions de

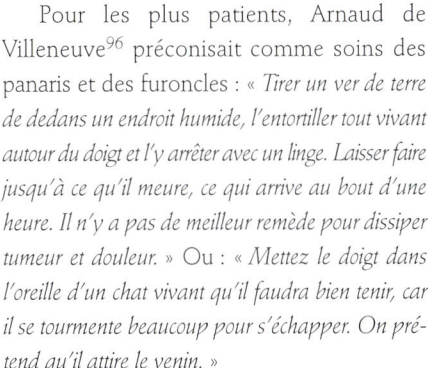

poitrine : « *Dans un jaune d'œuf, mettre cinq poux vivants. Ce remède fait cracher abondamment et apporte la guérison* » ; ou contre la jaunisse : « *Avaler une grillade de poux... ou même les absorber directement – par nombre impair – avec une gorgée d'eau*[97]. »

Les plaies pouvaient être soignées tout simplement : « *une toile d'araignée appliquée dans l'endroit d'où le sang sort l'arrête et empêche que les plaies s'enflamment* » (A. G.), remède qui a été employé ensuite pendant des siècles... Et quand on avait attrapé l'araignée, bien séchée, pilée, mise dans un linge et appliquée sur le front, « *elle guérit la fièvre tierce* ».

Si l'on était piqué par un scorpion, il suffisait de l'attraper et « *de le boire, broyé dans du vin* », ou de le mettre sur de la braise, « *en fumiger la blessure, puis attacher sur la plaie le résidu charbonneux de l'insecte* ».

Et pour les maux d'oreilles, si l'on n'avait pas de vers de terre, « *des cloportes taillés menus et chauffés dans de l'huile et coulés dans l'oreille* » pouvaient convenir aussi...

Caméléon.
L'observation des yeux du caméléon qui peuvent se mouvoir – indépendamment l'un de l'autre – pour une vision de 360° avait peut-être inspiré ce remède.
(*Bref discours sur des choses remarquables*, NAF 9256, f° 54, [1600], BnF)

Et autres animaux…

Les remèdes précédents nous paraissent le plus souvent horribles, mais il en était d'autres encore plus cruels pour les animaux ou pour les patients…

Parmi ceux-là, Matthioli, au XVIe siècle préconisait : « *Mettre de l'urine humaine, bouillie et distillée, dans un pot de sciure, en frotter les yeux. Prendre un caméléon vivant, lui arracher l'œil droit et appliquer ce dernier avec du miel sur les paupières du malade.* »

En cas de morsures de serpent, si l'on n'avait ni ventouses pour aspirer le venin, ni personne pour le sucer (opération qui comprenait des spécialistes patentés[98]), Celsus indique, entre autres remèdes : « *On divisera par le milieu un petit poulet vivant, qu'on appliquera sur-le-champ et tout chaud sur la plaie […] on obtient le même résultat avec un* agneau ou un chevreau qu'on ouvre et dont on met sur-le-champ la chair encore chaude sur la plaie. »

Ou : « *Comme le chien guérit ses plaies en léchant, il guérit celles des hommes de la même manière. Et s'il ne peut de sa langue atteindre le fond de l'ouverture, il sera dressé à lécher son pied et à mettre sa salive dessus avant de le plonger dans la plaie[99].* »

Si malgré tous ces soins la plaie s'était infectée, Jean de Vigo, médecin du pape Jules II, recommandait : « *Faire chauffer dans de la graisse grenouilles et vers de terre, additionner d'huile et d'oxyde de mercure, malaxer sous forme d'emplâtre adhésif.* »

On ne peut même pas imaginer l'état du malade et de ses plaies après tous ces soins attentifs !

Chien.
Prêt à soigner !
(*Le Moine, Les contes de Cantorbéry* de Geoffrey Chaucer, copie du manuscrit Ellesmere, 1400-1410, Victoria and Albert Museum, Londres) © Dagli Orti/Eileen Tweedy

Huppe et hibou.
Et « *si l'on porte des yeux de Huppe sur soi, on se réconcilie avec tous ses ennemis* », promet Albert le Grand.
(*Livre des propriétés des choses*, ms. Fr. 136, f° 25 v, [XVᵉ siècle], BnF)

Cigogne.
(*Kalila et Dimna*, ms. Arabe 3465, [XIIIᵉ siècle], BnF)

Magiques

Enfin, tout à fait magiques, et cette fois pas douloureux : « *La langue d'une huppe pendue au cou fait revenir la mémoire et le jugement à ceux qui l'ont perdu.* »

Et, de Jean de Cuba : « *Les cigognes qui voltigent longtemps en rond sans se troubler doivent guérir les malades atteints de vertige* » !

Autres remèdes avec les animaux

À côté de remèdes les utilisant malheureusement rôtis, coupés en morceaux, ou en poudre, d'autres s'inspiraient de leurs mœurs pour soigner les humains. Cette observation du comportement des animaux pour soigner a dû exister dès la préhistoire et certains médecins antiques le mentionnent.

Pline cite par exemple le médecin Chrysippe de Cnide[100] qui, observant les chèvres « *dédaignant le basilic* », en déduisait que « *le basilic est mauvais pour l'estomac, l'urine* et également pour la clarté de la vue ; il cause en outre la folie, la léthargie et des troubles du foie et c'est pourquoi les chèvres le dédaignent : il est d'avis que l'homme aussi doit l'éviter* », opinion partagée par « *Diodore dans ses Traitements empiriques* ». (Pline rassure toutefois les amateurs de basilic en lui accordant, selon Dioscoride, de nombreuses vertus : remède contre les piqûres de scorpion ; et – cette fois pris dans du vinaigre – contre évanouissements, léthargie, maux de tête, d'estomac, jaunisse, hydropisie et même le choléra.) Ou, parce que « *les belettes, avant de livrer combat contre les serpents, mangent de la rue pour se prémunir de leurs morsures* », la rue était un des principaux remèdes utilisés contre les serpents et, pour les éloigner, elle était plantée dans les plates-bandes. Mais aussi : « *Le fenouil a été rendu célèbre par les serpents qui en mangent quand ils dépouillent leur vieille peau et s'éclaircissent la vue avec le suc.* »

Efficacité des remèdes et issue des maladies

Avant de quitter toutes ces recettes, il faut citer quelques-unes de celles qui permettaient, selon les croyances, de connaître l'issue des maladies… Recettes aussi aléatoires que les remèdes !

« *Piler avec du sel une poignée de pimprenelle, délayer dans du vin. Donner à boire au malade à jeun : si on voit le breuvage sortir par la plaie, il n'en réchappera point.* »

Ou, plus simple : « *Si l'on veut connaître le sort d'un malade à qui l'on rend visite, il faut porter à la main droite une branche de verveine, depuis la porte jusqu'à l'endroit où il repose, puis lui demander comment il se sent. S'il répond « bien », il guérira ; s'il répond « mal », il mourra.* » Ce qui semble bien pessimiste, malgré la « magie » de la verveine.

« *Le caladre était un oiseau merveilleux qui pouvait dire si un malade guérirait ou non. Si le caladre dans la cage suspendue au pied du lit du malade détournait la tête, c'était que le malade mourrait ; s'il le regardait, il guérirait[101].* »

Selon Platearius : « *Si l'on veut savoir si un patient [mordu par un chien enragé] mourra ou non, il faut prendre quinze grains de froment, les poser sur la plaie et les y laisser jusqu'à ce qu'ils deviennent gros et enflés, comme s'ils devaient germer. Les ôter et les jeter aux poussins avec d'autres grains de froment : si les poussins mangent les graines qui étaient dans la plaie, c'est que le patient guérira sans doute aucun. Dans le cas contraire, il mourra.* »

Enfin, on pouvait « *mettre des feuilles d'ortie dans l'urine du malade : si elles restent vertes vingt-quatre heures sans se faner, il guérira. Si elles deviennent molles, il est en danger* », ce qui ne devait pas remonter le moral…

Au XVIIIᵉ siècle encore, « *si vous voulez savoir si un membre à couper est mortifié et pourri, appliquez dessus du vert de* **poireau** *pilé pendant la nuit ; s'il a perdu le lendemain quelque peu de sa noirceur et couleur plombée, il y a encore quelque vie* ». Sinon, il fallait vraiment le couper !

Calandre regardant un malade et calandre se détournant d'un malade.
(*Bestiaire d'amour*, ms. Fr. 15213, f° 69, [XIVᵉ siècle], BnF)

Quelques soins de beauté

« *C'est presque une futilité de traiter boutons, lentilles et éphélides ; mais peut-on ravir aux femmes le soin de leur beauté ?* », écrivait Celsus dans son *De arte medica*.

Dans les différents traités et Antidotaires, les recettes pour pallier les soucis esthétiques voisinent avec les remèdes médicaux : bien-être, santé et beauté étaient souvent liés.

Dans le *Livre des simples médecines* en particulier, les recettes pour entretenir ou retrouver la beauté sont nombreuses, grâce peut-être aux femmes médecins de Salerne[102] qui connaissaient les souhaits et les problèmes aussi bien esthétiques que médicaux de leurs patientes ! Mais, comme pour les autres remèdes, les soins de beauté n'étaient pas toujours très engageants.

Lis et roses.
(*Les Grandes Heures d'Anne de Bretagne*, ms. Lat. 9474, f° 27, BnF)

Pour avoir – ou garder – une jolie peau

« *Pour embellir le visage et soigner la peau, réduire en poudre très fine les « nœuds » autour de la racine de l'*arum*, bien secs, et mêler cette poudre à de l'eau de rose. Sécher au soleil. Mêler à nouveau avec de l'eau de rose, quatre ou cinq fois. Cela éclaircit et nettoie bien mieux que la céruse.* » Il y avait pourtant aussi une recette avec de la céruse (carbonate de plomb) qui était obtenue en décapant du plomb dans du vinaigre pendant quatre mois. Mais si ceux qui préparaient la céruse « *encourent souvent de graves maladies, apoplexie, épilepsie, paralysie* », ces maladies étaient mises sur le compte « *de la froideur du vinaigre* » et non sur la nocivité du plomb. La céruse, « *mêlée à de l'eau de rose, est*

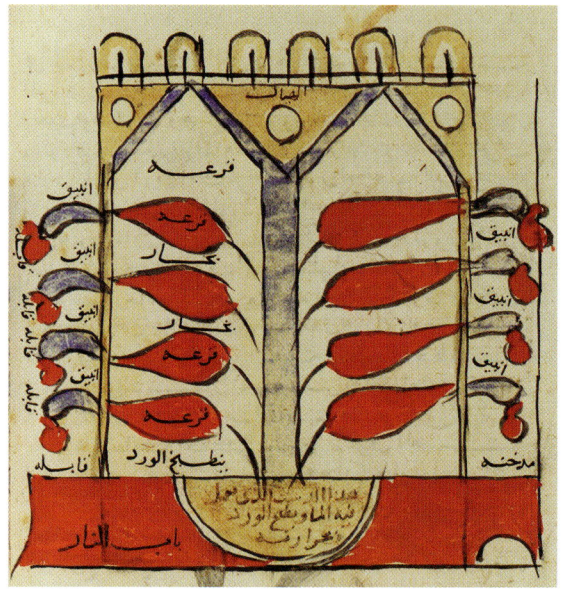

Appareil de distillation de l'eau de rose.
(*Dimadhigî [al-] adjâ-ibal barr wa al bahr,*
ms. Arabe 2187, f° 102 v°, [xvᵉ siècle], BnF)

séchée au soleil, plusieurs fois renouvelé jusqu'à ce que la céruse devienne très blanche et sente bon. Les femmes en forment de petites pilules qu'elles posent sur le visage ».

D'autres recettes, moins dangereuses, promettaient aussi une jolie peau : « *Pour donner de bonnes et belles couleurs au visage, prendre les nœuds de la racine de* lis *sauvage, les faire sécher, les réduire en poudre et imbiber cette poudre d'eau de rose. Sécher, rajouter de l'eau de rose, trois ou quatre fois de suite. Appliquer sur le visage soit simplement la poudre obtenue, soit la poudre délayée dans l'eau de rose.* »

« *Dioscoride dit qu'un mélange de graines de* melon *nettoyées de leur écorce, de chair du fruit, de farine de pois chiches et de farine de fèves, le tout mis à sécher au soleil, nettoie le visage et rend la peau fine et délicate.* »

À gauche
Bouillon-blanc.
Ici, près d'une saponaire qui a souvent tenu lieu de savon.
(*Livre des simples médecines,*
ms. Fr. 12322, f° 170 v°, BnF)

Lin.
Au vᵉ siècle, Théophraste vantait déjà ses propriétés adoucissantes.
(*Livre des simples médecines,*
ms. Fr. 12322, f° 647, BnF)

Paysan gerbant du riz.
Les vertus du riz ont
longtemps été réservées aux
régions méridionales.
(*Tacuinum sanitatis*, Nouv. Acq.
Lat. 1673, f° 48, [XIVᵉ siècle], BnF)

« *Pour les femmes avancées en âge et qui cependant veulent encore paraître belles* », Albert le Grand signale obligeamment une recette « *qui surpasse de beaucoup tout ce qu'on peut trouver dans le monde capable de conserver la beauté et le teint* » ! Malheureusement, la difficulté de fabrication de cette recette est à la mesure de la tâche : « *fiente de petits lézards, os de seiche, tartre de vin blanc, raclure de corne de cerf, corail, farine de riz* », auxquels – après préparation – il fallait ajouter « *amandes, limaces et fleurs de bouillon-blanc* ». La beauté retrouvée (?) était bien méritée[103] !

Pour supprimer les défauts : taches, boutons, rougeurs, etc.

Pour ces sortes de problèmes, les remèdes abondent dans les livres de médecine antiques :

« *Le riz[104] a la propriété suivante : si on se lave le visage à l'eau où il aura cuit, lentilles et autres taches de la peau en seront éliminées.* »

« *La graine de* roquette *appliquée avec du miel supprime les taches de la peau du visage ; avec du vinaigre, les taches de rousseur ; avec du fiel de bœuf, elle blanchit les cicatrices noires.* » (P.)

Fougère.
Une des plus anciennes plantes connues ;
elle était à la fois médicinale, magique...
et toxique.
(*Livre des simples médecines*, ms. Fr. 12322,
fº 184 vº, BnF)

Ou : « *La graine de* lin *s'emploie, à vrai dire, avec d'autres substances, mais aussi seule, pour effacer les défauts de la peau du visage chez les femmes.* » (P.)

Pour Dioscoride : « *La graine de lin fait disparaître les taches de rousseur et les boutons, en application avec du* nitre *[salpêtre] et des figues.* »

Si ces taches se transforment en « *croûtes ou écailles* », il suffit selon Platearius de « *cuire de la matricaire camomille fraîche avec du miel et d'en*

enduire le visage » ou « *pour enlever les boutons du visage, mêler farine de froment, vinaigre et miel* ».

Mais si la saison ne se prêtait pas à la cueillette des plantes :

Pour Celsus, « *on triomphe très aisément des boutons en appliquant de la résine additionnée d'une égale quantité d'alun*[105] *et d'un peu de miel* » ; et, selon Platearius : « *La gomme de* cerisier *est bonne contre les dartres de toutes sortes. Pour ce, la mêler à du vinaigre, en enduire les endroits affectés : c'est chose bien prouvée que l'efficacité de cette médecine.* »

Ou encore, il suffit d'avoir une améthyste (qui, comme nous l'avons vu, rendait déjà beaucoup de services) et, comme le conseille Hildegarde de Bingen : « *Humidifie une améthyste avec ta salive et avec l'endroit humide frotte les taches du visage. Fais aussi chauffer de l'eau sur le feu et mélange à cette eau la transpiration de la pierre, puis plonge la pierre elle-même dans l'eau. Avec cette eau, lave ton visage et tu auras une peau lisse et un joli teint.* »

On pouvait même s'embellir en prenant ses repas. Ainsi, « *contre les dartres et « feux volages* » *[…] frotter avec sel, huile et vinaigre ; ou pain chaud de froment appliqué avec saumure*[106] ».

Encore plus simple, selon Matthioli, « *la salive d'homme à jeun est bonne pour frotter la partie affectée* » ou à défaut, la bave d'escargot, « *en lui faisant parcourir plusieurs fois la dartre […] la dartre disparaît en peu de jours* », tandis que la bave de crapaud atténue les rides, affirme Jean de Cuba[107].

Enfin, l'huile de sésame était recommandée pour redonner bonne mine « *à tous ceux que la maladie a consumés ou asséchés* ».

Scabieuse.
La scabieuse soignait aussi
eczéma et maladies de peau.
(*Les Grandes Heures d'Anne de
Bretagne*, ms. Lat. 9474, fº 72, BnF)

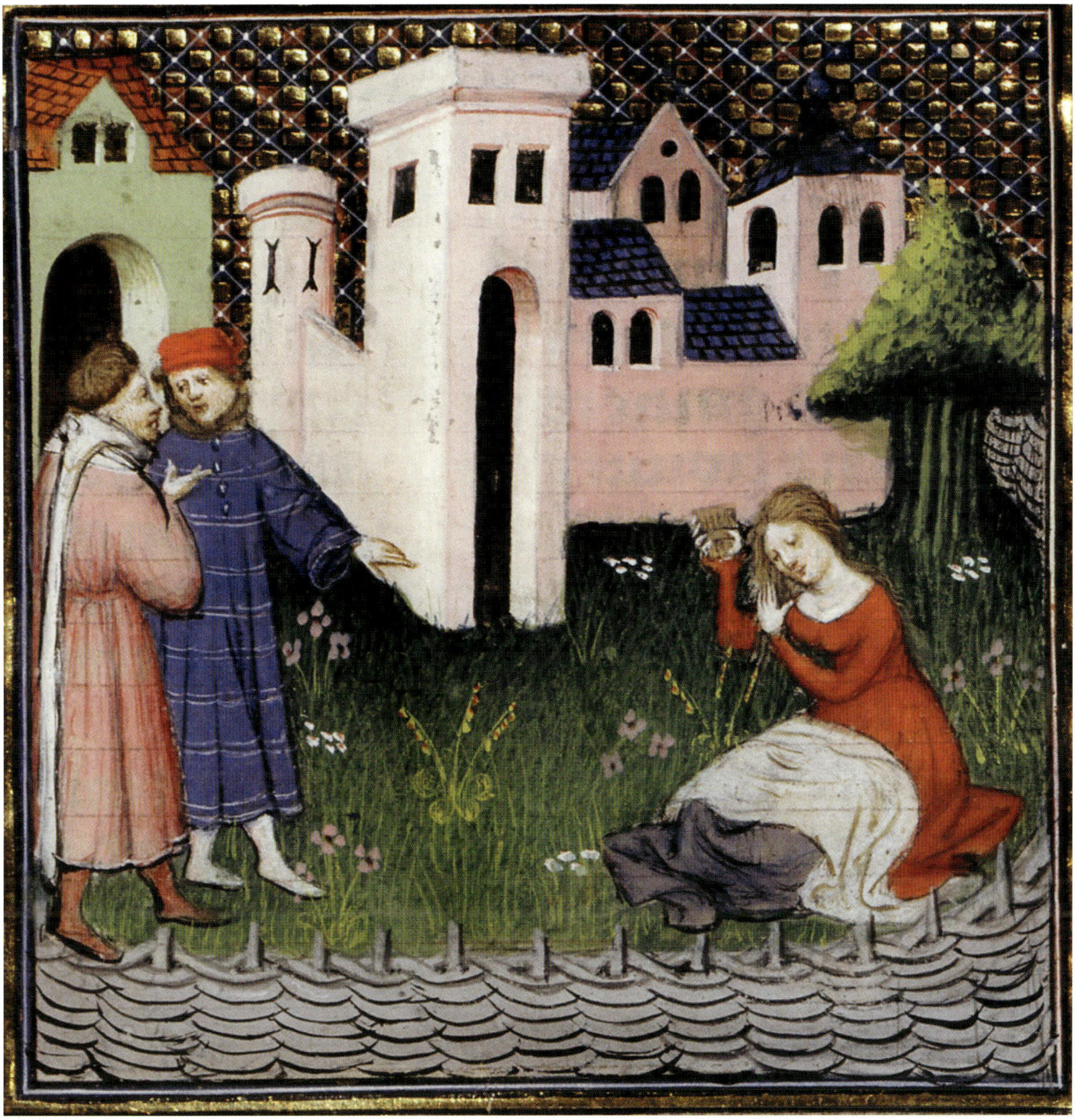

La chevelure

Les problèmes de chevelure semblent avoir été préoccupants, car des quantités de recettes leur étaient consacrées, en particulier contre les maladies du cuir chevelu et la chute des cheveux.

L'alopécie, « *cette espèce de lèpre, qui fait tomber les cheveux* » : « *Contre la teigne de la tête, broyer de la* matricaire *fraîche dans du vinaigre et* en laver la tête fréquemment. Cette affection guérira rapidement et sans aucune autre médecine* » et « *contre l'alopécie, laver avec de l'eau dans laquelle* scabieuse *et bouillon-blanc auront cuit* » (Pl.).

Autre recette contre l'alopécie : « *Casser une racine de fougère et la faire bouillir dans de l'eau jusqu'à réduction d'un tiers. De cette décoction, préparer une lessive dont on se lave la tête*

117

fréquemment : elle fait pousser les cheveux en quantité et en longueur. »

On pouvait aussi, lorsque « *les cheveux tombent, faire une lessive de la poudre des cendres de la fiente de pigeons, de laquelle vous en laverez la tête* ». « *La cendre de petites grenouilles brûlées guérit promptement la chute des cheveux.* » (Ou la cendre de lézards verts, si vous préfériez !)

Pour faire repousser les cheveux

Si malheureusement la chute des cheveux n'avait pas pu être enrayée à temps, des solutions étaient là pour les faire repousser.

Avec l'eau de cuisson de branches de sésame, « *se laver les cheveux permet de les faire pousser, élimine le mort-cuir*[108] ».

« *La poudre de châtaignes brûlées, mêlée à du vin et appliquée sur la tête, fait repousser les cheveux tout en les confortant, comme dans le cas de l'alopécie, maladie qui fait tomber les cheveux* » (Pl.) ; ou : « *Pilé et exprimé avant la floraison, le* chardon *donne un suc dont l'application fait repousser les cheveux.* » (P.) Ou encore : « *Brûlez la peau de la tête et le museau d'un renard et mettez cette poudre au lieu où vous voudriez que les poils viennent, l'ayant auparavant graissé d'huile et dans laquelle on aura bien fait bouillir tout un jour un lézard vert, en ayant auparavant ôté la tête.* » (!)

Si, en revanche, on voulait « *que les cheveux ne naissent jamais, il les fault arracher et oindre le lieu avec du sang de chauve-souris ou du sang de petite grenouille, ou de l'huile de jusquiame*[109] ». Ces remèdes du XVIIIe siècle reprennent une fois de plus des recettes très anciennes, car on les retrouve dans Dioscoride, qui préconisait aussi « *la tête de lièvre brûlée avec de la graisse d'ours* » ou, plus simplement, « *des feuilles récentes de* bettes *appliquées toutes crues* ».

La coloration

Une fois les cheveux repoussés, « *consolidés* », si leur couleur n'était pas satisfaisante, on pouvait « *se laver la tête à l'eau de décoction de racine de* garance. *Cela rend les cheveux roux et rouges.* » Ou bien, si on les préférait blonds, « *utiliser des décoctions de bois de* micocoulier *pour laver la tête* », selon Dioscoride ; et, selon Platearius : « *On fait des feuilles et des copeaux de buis des lessives pour teindre les cheveux en jaune.* » Pour les noircir, Dioscoride conseille des feuilles de cyprès *piléées avec du vinaigre.*

La naissance de Vénus (détail).

Les cheveux roux de cette jeune femme assistant à la naissance de Vénus étaient peut-être dus à la garance ?
(*La naissance de Vénus*, Sandro Botticelli [1485], Florence, Galerie des Offices) © Archives Alinari, Florence, Dist. RMN/Nicola Lorusso

Des épilatoires

« *Certains Anciens ont dit que si on posait de la farine de* lupin *sur une partie du corps, elle en faisait tomber à jamais les poils* ». Et pour ceux qui avaient la peau vraiment très solide : « *Avec de l'*orpiment, *mélanger de la chaux vive délayée et bouillie, cuire. Pour savoir si c'est assez cuit, tremper une plume : elle doit se dénuder facilement à la main. Puis laver à l'eau tiède ; chaude ou froide, elle écorcherait.* » (Pl.)

La beauté des dents

Dans les traitements médicaux, nous avons rencontré divers soins – parfois assez barbares – pour soigner les maux de dents. L'hygiène dentaire semble avoir été très succincte, et les problèmes de dents récurrents, provoquant « *les plus cruels tourments* » dont parle Celsus.

Toutefois, pour ceux qui avaient la chance d'avoir conservé leurs dents, il était conseillé afin de les embellir de « *frotter les dents de* corail, *ce qui les rend blanches* ». Il faut heureusement préciser que le corail, « *cet arbrisseau des mers* », devait être broyé et tamisé. Il était aussi supposé soigner les caries…

La beauté des seins

Autre problème de beauté, les « *mamelles pendantes et croissant trop* ». Pour les relever, il fallait utiliser de « *la coque des œufs de perdrix pilée avec de la cire et de la turhie alexandrine* » (?) « et de crainte qu'elles n'augmentent trop, qu'on y applique un cataplasme avec ciguë broyée, et qu'on les fomente avec jus de ciguë » ou (ce qui paraît moins dangereux !) « *de l'eau distillée de noix de pin vert mouillant des linges dans telle liqueur*[110] ».

Malgré la bonne volonté de tous ceux qui indiquaient ces recettes de beauté, leur résultat laisse dubitatif. Comme pour les remèdes, nous pouvons ici apprécier nos savons parfumés et douces crèmes de beauté… même si le résultat n'est pas toujours, non plus, celui espéré…

Corail rouge **prêt à être mis en poudre**. (Muséum national d'histoire naturelle, Estampe, f° 115, Dist. RMN

Celesia

Colgema

herbe de vigne

Gratia dei

Graias

hermoda tes

Conclusion

Les remèdes cités ici ne sont bien sûr que des îlots dans l'océan des recettes parvenues jusqu'à nous. Mais en y regardant de plus près, ils nous permettent de mieux comprendre, situer (et plaindre) nos ancêtres et leur médecine.

La médecine dite « médiévale » s'étend sur un plus grand nombre de siècles que le Moyen Âge proprement dit. Avant notre ère, des auteurs grecs, comme Hippocrate, eux-mêmes imprégnés de culture égyptienne, ou, dès le Iᵉʳ siècle, des Romains tels Celsus ou Pline, enseignent, influencent et diffusent des connaissances médicales. Leurs apports marqueront profondément la médecine non seulement médiévale, mais aussi plus tardive jusqu'aux abords du XIXᵉ siècle où, dans les écoles de médecine, « *les écrits d'Aristote, d'Hippocrate et de Galien ont valeur de dogmes*[111] ». Certains remèdes du XVIIIᵉ siècle reprennent parfois mot pour mot ceux connus bien des siècles auparavant…

Cette médecine, traversée de courants parfois antagonistes, est très loin d'être homogène. La longue tradition monacale et paysanne utilise des remèdes transmis oralement depuis parfois des millénaires, à base de plantes ou d'ingrédients trouvés dans l'environnement. C'est souvent à elle que nous pensons en évoquant une douce « *médecine médiévale* » cueillie dans les jardins de simples des couvents.

Pourtant, comme nous le constatons en lisant les divers Antidotaires, Réceptaires et autres recueils de remèdes, la réalité de cette médecine nous fait souvent frémir ! Dès les abords du IXᵉ siècle, elle est confrontée à de nouvelles connaissances, à des composants inédits venant de pays lointains. L'essor de médecines « contrôlées » et enseignées dans des écoles et des universités vient s'y ajouter peu à peu. Médecine « *pour les riches* », « *pour les pauvres* », elle se révèle aussi plus ou moins savante et coûteuse…

Ce bref survol de la médecine « *médiévale* » nous laisse souvent perplexes : comment nos ancêtres ont-ils survécu à certains de ces « *soins* » ? Comme déjà, au XIIᵉ siècle, l'écrivait mélancoliquement Platearius : « *Les Anciens […] étaient bien plus robustes que les gens d'aujourd'hui !* » Il est vrai que si nous avons conservé dans notre pharmacopée les bienfaits de la plupart des plantes – en en rejetant toutefois certaines qui pouvaient dangereusement nuire au lieu de guérir –, nous ne pourrions néanmoins pas résister aux méfaits d'autres composantes ! Parmi les ingrédients préconisés, « pétrole », nitre, vipères, fientes diverses ou bave de crapaud sont prêts à nous faire apprécier sirops amers, piqûres ou roulette de dentiste, tout en remerciant la médecine d'avoir progressé pour notre bien-être.

Mais si, anciens ou modernes, ces remèdes ne nous conviennent pas, nous pouvons déjà appliquer cet Aphorisme[112] d'Hippocrate : « *Le travail, le manger, le boire, le sommeil et l'usage de Vénus doivent être pris avec médiocrité et tempérance pour la conservation de la santé.* » Ou cet axiome de Salerne : « *Si tu venais à manquer de médecin, en voici trois excellents : la gaieté, la tranquillité et des repas modérés.* »

Bibliographie

Recueils de remèdes cités

Albert le Grand (v. 1200-1280), *Admirables secrets de magie naturelle du Grand Albert et du Petit Albert*.
Alexandre de Tralles ; (525-605), *De arte medicinae*.
Antidotaire Nicolas (v. 1200).
Arnaud de Villeneuve (v. 1240-1311), *Regimen Sanitatis salernitacum*.
Aulius Cornelius Celsus (25 av.-50 apr. J.-C.), *De arte medica : De medicina*, Libri octo.
Avicenne (980-1037), *Le Canon de la médecine (Kitab Al Qanum fil-Tibb)*.
C. Estienne, J. Liebault, *Trésor universel des pauvres et des riches ou recueil de remèdes faciles pour toutes les maladies*, 1577.
Constantin l'Africain (1015-1087), *Antidotaire des médicaments simples*.
Dom Nicolas Alexandre (1654-1728), *La Médecine et la Chirurgie des pauvres*.
Galien (129-210), « La médecine des pauvres », in *Œuvres anatomiques, physiologiques et médicales*.
Guy de Chauliac (1298-1368), *Chirurgia magna*.
Jean-Adrien Helvetius (1715-1771), *Traité des maladies les plus fréquentes et des remèdes propres à les guérir*.
Hérodote (484-425 av. J.-C.), *Histoires*.
Hildegarde de Bingen (1098-1179), *Le Livre des subtilités des créatures divines*.
Hippocrate (460-356 av. J.-C.), *Aphorismes*.
Matthioli (1501-1577), *Commentaires sur les six livres de Dioscoride*.
Papyrus égyptiens : papyrus Ebers et papyrus Hearst (v. 1500 av. J.-C.).
Platearius (XIIᵉ siècle), *Circa instans. Le Livre des simples médecines*.
Pline l'Ancien (23-79), *Histoire naturelle*, Livre XX.
Rhazès (865-932), *Continens (Kitab-al-Hawi)* ; *La Médecine des pauvres (Tibb-al-Fuquaraa)*.
Varron (116-27 av. J.-C.), *Res rusticae*.

Ouvrages contemporains

M. Ausécache, « Des aliments et des médicaments », in *Cahiers de recherches médiévales et humaines*, n° 13, 2006.
M. Ausécache, « Manuscrits d'antidotaires médiévaux : quelques exemples du fonds latin de la Bibliothèque nationale de France », in *Médiévales*, n° 52, 2007, p. 55-74.
T. Bardinet, *Les Papyrus médicaux de l'Égypte pharaonique*, Éditions Fayard, 1995.
M. Bilimoff, *Enquête sur les plantes magiques*, Éditions Ouest-France, 2003.
M. Borel, *Ces plantes qui nous veulent du bien*, Éditions du Phare, 2000.
L. Bourgeois-Cornu, *Les Bonnes Herbes du Moyen Âge*, Éditions Publisud, 1999.
H. Cancel, *Les saints qui guérissent en Normandie*, Éditions Ouest-France, 2003.
F. Collard et E. Samama, *Pharmacopées et apothicaires. Les « pharmaciens » de l'Antiquité au Grand Siècle*, Éditions L'Harmattan, 2006.
G. Ducourthial, *Flore magique et astrologique de l'Antiquité*, Éditions Belin, 2003.
F. Fery-Hue, « *Le Romarin et ses propriétés* : un traité anonyme faussement attribué à Aldebrandin de Sienne », in *Romania*, tome 115, 1997.
L. Girre, *Infusions et plantes de santé en France*, Éditions Ouest-France, 2000.
L. Girre, *Les Vieux Remèdes naturels*, Éditions Ouest-France, 2009.
M. H. Green, *The Trotula. A Medieval Compendium of Women's Medicine*, Philadelphie, 2001.
P. Gringoire, *Les Menus Propos*, Paris, 1521.
N. Guimard, *Utilisation de l'escargot en thérapeutique : du limaçon à l'HPA, marqueur de tissus métastatiques*, thèse de doctorat en pharmacie (www.ordre.pharmacien.fr/).
M.-J. Imbaud-Huard, « La médecine au Moyen Âge », dans le

catalogue d'exposition *La Médecine médiévale à travers les manuscrits de la Bibliothèque nationale*, Paris, 1982.

D. Jacquart, « La nourriture et le corps au Moyen Âge », in *Cahiers de recherches médiévales*, n° 13, 2006.

D. Jacquart et F. Micheau, *La Médecine arabe et l'Occident médiéval*, Éditions Maisonneuve & Larose, 1990.

M.-L. Jardin, *Les Thérapies par les sangsues : des pratiques les plus anciennes aux traitements actuels, hautement scientifiques*, thèse de doctorat en pharmacie, Besançon, 2005.

P. Julien, *Saint Côme et saint Damien, patrons des médecins, chirurgiens et pharmaciens*, Éditions Pariente, 1980.

D. Kassel, *Petite histoire de la pharmacopée*, 1996.

F. Lebrun, *Se soigner autrefois. Médecins, saints et sorciers aux XVIIᵉ et XVIIIᵉ siècles*, Éditions du Seuil, 1995.

H. Leclerc, *Précis de phytothérapie*, Éditions Masson, 1976.

B. Lehane, *Le Pouvoir des plantes*, Éditions Hachette, 1977.

P. Lieutaghi, *La Plante compagne*, Éditions Actes Sud, 1996.

P. Lieutaghi, *Le Livre des bonnes herbes*, Éditions Actes Sud, 1998.

P. Lile, *La Médecine monastique dans l'Occident médiéval* (cehm. toulouse. free.fr/).

Le Mesnagier de Paris, Librairie générale française, coll. « Lettres Gothiques », 1994.

M.-A. Mulot, *Secrets d'une herboriste*, Éditions du Dauphin, 1988.

J. Palaiseul, *Nos grand-mères savaient*, Éditions Robert Laffont, 1995.

H.-H. Védrine et J. Jordy, *Sortilège et magie des simples*, Éditions de Vecchi, 1990.

Armoire avec des pots d'apothicaire.
© Pierre Lemonnier

Notes

1 Comme le papyrus Ebers, datable d'environ 1500 av. J.-C., les papyrus Smith, de Paris, Hearst, etc., à peu près de la même période.

2 Le papyrus Ebers contient à lui seul 877 remèdes.

3 Au XVIᵉ siècle, Matthioli, médecin et botaniste, écrit dans ses *Commentaires sur les six livres de Dioscoride* : « Dioscoride est le premier et le plus excellent de tous ceux qui se sont mêlés d'écrire sur cette matière [la botanique médicale] »

4 La pharmacie galénique « est la science et l'art de préparer, conserver et présenter les médicaments ». Furetière, *Dictionnaire universel*, 1690. La forme « galénique » des médicaments est celle de leur présentation : pilules, cachets, etc.

5 Épître de saint Jacques (14-15) ; Livre de saint Matthieu (10,8).

6 Ou *Kitab-al-Hawi*, en 22 volumes.

7 *Tibb-al-Fuquaraa*.

8 *Kitab Al Qanum fil-Tibb*.

9 Brève traduction du titre original : *Al Tasrif liman-Aegiza an al-Ta'lif*.

10 Cité par F. Lebrun, *Se soigner autrefois*, p. 13, Éditions du Seuil, 1995.

11 Entre autres : G. Hertzka, *La Petite Pharmacie domestique d'Hildegarde de Bingen*, Courrier du Livre, 1998.

12 Albert le Grand ne sera canonisé qu'en 1931 !

13 Origine bien connue de la place Maubert à Paris, contraction de « maître Albert ». C'est là qu'il enseignait en plein air.

14 Dont une partie a probablement été rédigée par des disciples, dont Henri de Saxe.

15 Contenant (entre autres) des diamants et des perles râpées…

16 Qui, comme nous en verrons quelques exemples, contenait des remèdes compliqués, aux multiples composantes provenant de pays lointains.

17 D. Kassel, *Petite histoire de la pharmacopée*, 1996.

18 L'influence de cette célèbre école de médecine persista jusqu'à ce qu'un décret de Napoléon Iᵉʳ l'interdise en 1811.

19 Médecin arabe mort en 994.

20 Notamment cités par H. Leclerc, *Précis de phytothérapie*, Éditions Masson, 1976, p. 68 et suiv.

21 M. Bilimoff, *Enquête sur les plantes magiques*, Éditions Ouest-France, 2003, p. 15-34.

22 « Je t'arrache, plante X […] et t'emporte chez moi, afin que tu me serves […] Je t'en supplie par le nom immaculé du Dieu ; si tu n'obéis pas, la terre qui t'a enfantée ne sera plus jamais arrosée de pluie », papyrus Magique IV, Paris, BnF, Suppl. grec 574.

23 G. Ducourthial, *Flore magique et astrologique de l'Antiquité* (Éditions Belin) en donne de nombreux exemples.

24 *De herba vettonica*.

25 Cet emplâtre était composé de renoncules pourries dans de l'huile et du vin.

26 *De re medica*, ch. XVIII, les deux autres parties de la médecine étant les médicaments et la chirurgie.

27 Hérodote, *Histoire II*, 77.

28 On appelait « herbes » les légumes et condiments poussant au-dessus du sol.

29 Les initiales entre parenthèses correspondent à : Pl. : Platearius ; P. : Pline ; H. : Hildegarde de Bingen ; A. G. : Albert le Grand.

30 L'ail figurait parmi les herbes protectrices contenues dans le fameux masque pointu porté par les courageux médecins secourant les pestiférés.

31 Par opposition à la thériaque, médicament supposé universel (voir plus loin) dont l'élément essentiel était l'opium – rôle tenu ici par l'ail.

32 H. Leclerc, *op. cit.*

33 *Histoire naturelle*, Livre XX, § XLII.

34 Ou salpêtre (nitrate de potassium).

35 (VIᵉ siècle, à Byzance), Livre XI.

36 P. Lieutaghi, *La Plante compagne*, Actes Sud, 1998, p. 131.

37 Dont quelques titres sont proposés en bibliographie.

38 Mais en prenant bien soin de « cibler » avec précision cor ou verrue, car la chélidoine est corrosive…

39 H. Leclerc, *op. cit.*, p. 244-246.

40 Marie-Antoinette Mulot, une des dernières herboristes diplômées, en 1941, avant la suppression de ce diplôme. Son livre *Secrets d'une herboriste* (Éditions du Dauphin, 1988) indique les vertus et la posologie de 250 plantes.

41 P. Lieutaghi, *Le Livre des bonnes herbes*, Actes Sud, 1996, p. 121.

[42] Delioux de Savignac, « L'essence de menthe… », Bull. Soc. Thérap., 1875, cité par H. Leclerc in *Précis de Phytothérapie*, Masson, 1976, p. 170.

[43] Le cyathe correspondait à une once et demie. Une livre (en général moins de 500 g à l'époque) comportait entre 12 et 16 onces selon les régions.

[44] H. Leclerc, *op. cit.*, p. 83.

[45] Dans la *Guerre des Gaules*.

[46] Goutte qui attaque les pieds.

[47] L'armoise était d'ailleurs dans l'Antiquité vouée à Artémis/Diane, protectrice des femmes.

[48] P. Lieutaghi, *op. cit.*, p. 121.

[49] H. Leclerc, *op. cit.*, p. 271.

[50] Ce traité aux nombreuses et diverses éditions daterait de la fin du XIIIᵉ siècle. Voir F. Fery-Hue, « *Le Romarin et ses propriétés : un traité anonyme faussement attribué à Aldebrandin de Sienne* », in *Romania*, tome 115, 1997, p. 138, 192.

[51] Varron, *Res rusticae*, Iᵉʳ siècle av. J.-C.

[52] La tanaisie est encore reconnue efficace (entre autres) pour digérer, soigner les contusions, les rages de dents, éloigner les insectes, etc. – mais plus pour égayer les enfants !

[53] Dans *La Grande Chirurgie*, 1363.

[54] Ou flegme, une des quatre humeurs. Ici, « mucosité qu'on expectore ».

[55] *La Médecine et la Chirurgie des pauvres*, Dom Nicolas Alexandre, bénédictin, 1711.

[56] Cette médecine est connue par de nombreux papyrus, dont le papyrus Ebers (v. 1600 av. J.-C.) ou le papyrus médical de Berlin (v. 1200 av. J.-C.), entre autres. Voir T. Bardinet, *Les Papyrus médicaux de l'Égypte pharaonique*, Fayard, 1995.

[57] Par exemple, dans le Lévitique (14, 52-57) ou dans le Livre des Rois (II, 20, 7) où Ézéchias est guéri par Isaïe « avec un cataplasme de figues sur son ulcère » grâce aux prières faites à Yaweh.

[58] La plupart des régions de France (et d'ailleurs) ont des sites où Dieu, la Vierge et les saints sont priés pour apporter la guérison. Entre autres ouvrages : H. Cancel, *Les saints qui guérissent en Bretagne* et *Les saints qui guérissent en Normandie*, Éditions Ouest-France. Les pratiques magiques sont aussi nombreuses !

[59] Cité par P. Lieutaghi, dans ses commentaires sur la traduction du *Livre des simples médecines*.

[60] Sorte de taie de l'œil ou même cataracte.

[61] Cité par S. Jacques-Marin dans *L'Esprit des médecines anciennes*, Cheminements, 2005.

[62] « Les électuaires sont des médicaments composés de poudres ou d'autres drogues incorporées avec du miel et du sucre », Furetière.

[63] Aphorisme 160, de son *Guide du médecin nomade*, Xᵉ siècle.

[64] Aphorisme 166, *op. cit.*

[65] À Rudesheim, près de son dernier couvent d'Elbingen, se trouve un musée du vin contenant une des plus anciennes collections d'objets viticoles.

[66] Formule magique « pour le miel », papyrus Hearst (14, 7-10).

[67] Entre autres éditions : *Le Mesnagier de Paris*, Librairie générale française, coll. « Lettres Gothiques », Paris, 1994.

[68] H. Leclerc, *op. cit.*, p. 238-239.

[69] P. Lieutaghi, *Le Livre des bonnes herbes*, p. 123.

[70] *La Médecine et la Chirurgie des pauvres, op. cit.*

[71] Si le patient se réveille, la mandragore étant très toxique !

[72] Repris par le parfumeur Fragonard, mais très modifié au fil des siècles avec de la lavande, de la bergamote, du jasmin, etc.

[73] Mais les plus curieux (et courageux) peuvent la retrouver dans une des éditions des *Admirables secrets de magie naturelle du Grand Albert et du Petit Albert*.

[74] Cette mention de Crollius dans une recette attribuée à Albert le Grand renforce la certitude d'ajouts de disciples ou autres, et de multiples copies de ces célèbres *Secrets* : Oswald Crollius étant un médecin allemand, contemporain de Paracelse au XVIᵉ siècle.

[75] *Secrets et vertus des plantes médicinales*, Éditions du Reader's Digest, p. 83.

[76] Petite euphorbe, une mauvaise herbe qui était pourtant consommée comme légume.

[77] Roses rouges cuites dans de l'huile d'olive filtrée.

[78] N. Lémery, *Dictionnaire ou traité universel des drogues simples*, Rotterdam, 1739.

[79] Chap. VII, Les présages.

[80] Papyrus Ebers, Eb. 482 bis ; papyrus de Berlin, 68 bis, 70, etc.

Notes *(suite)*

[81] Vers 1550 avant notre ère, le papyrus Ebers mentionne déjà un remède « pour tuer les vers […] et absorbé tout au long de la journée », contenant de l'« Huile du désert » (asphalte ¿) Eb. 76 (22, 7-9).

[82] *De re medica*, Livre II, chap. X.

[83] *La Médecine et la Chirurgie des pauvres, op. cit.*

[84] Mireille Ausécache, « Des aliments et des médicaments », in Cahiers de recherches médiévales et humaines, n° 13 (spécial), 2006.

[85] Environ 4 g.

[86] Résine de la térébenthine de Chio – lieu où elle pousse.

[87] Sulfure jaune d'arsenic.

[88] Chirurgien français (1298-1368) auteur du traité intitulé *Chirurgia Magna*.

[89] La « tente » était un pansement formé d'une sorte de mèche enduite du produit destiné à soigner. Elle était fixée à un fil qui permettait de l'introduire dans les plaies et de l'en retirer.

[90] Marie-Luce Jardin, thèse de doctorat en Pharmacie, *La Thérapie par les sangsues : des pratiques les plus anciennes aux traitements actuels hautement scientifiques*, 7 novembre 2005. L'auteur y décrit la longue histoire de cette thérapie, ainsi que ses usages actuels.

[91] Surtout en cas de rhumatisme et d'arthrose, et pour la cautérisation de certaines plaies. La salive des sangsues contiendrait des éléments calmants et anti-inflammatoires.

[92] Ainsi que celle, moins douloureuse (¿), consistant à combler la dent malade avec des crottes de souris…

[93] *La Médecine et la Chirurgie des pauvres, op. cit.*

[94] Nellie Guimard, *Utilisation de l'escargot en thérapeutique : du limaçon à l'HPA marqueur de tissus métastatiques*, qui cite ces remèdes de Pline, fait le point sur cette utilisation des escargots de l'Antiquité à nos jours. Voir le site www.ordre.pharmacien.fr/

[95] J.-A. Helvetius (1661-1727), dans son ouvrage *Traité des maladies les plus fréquentes et des remèdes propres à les guérir*, tome I. Outre son rôle de médecin du roi, Jean-Adrien Helvetius était aussi membre de la Société royale de Londres et de l'Académie de Berlin.

[96] Dans *La Médecine et la Chirurgie des pauvres*, qui cite textuellement ces remèdes d'Arnaud de Villeneuve.

[97] Cité par S. Jacques-Marin dans *L'Esprit des médecines anciennes*, p. 249.

[98] Le métier de suceur de plaies, déjà décrit et préconisé par Hippocrate, a persisté jusqu'au XIXe siècle. Des suceurs de plaies suivaient les troupes, augmentant, paraît-il, par leur action, le taux de survie des blessés.

[99] *La Médecine et la Chirurgie des pauvres, op. cit.*

[100] IVe siècle av. J.-C.

[101] Pierre Gringoire, *Les Menus Propos*, Paris, 1521.

[102] Parmi les plus célèbres, Trotula ou Trolta, femme médecin et obstétricienne, qui écrivit un traité sur toutes les préoccupations féminines, au milieu du XIe siècle : *De passionibus mulierum curandarum, Trotula Major*. Mais selon certains auteurs, Trotula serait plutôt un ensemble de traités consacrés aux « maladies de femmes ». Voir Monica H. Green, *The Trotula. A Medieval Compendium of Women's Medicine*, Philadelphie, 2001.

[103] Comme pour la recette de l'« Eau céleste », il est bien sûr possible de trouver le détail de cette crème de beauté dans le *Grand Albert* et le *Petit Albert* !

[104] Cultivé dès le VIIIe siècle, introduit par les Arabes dans le sud de l'Espagne, puis en Camargue et dans la plaine du Pô.

[105] Sulfate double de potassium et d'aluminium hydraté. Astringent et caustique.

[106] *Trésor universel des pauvres et des riches ou recueil de remèdes faciles pour toutes sortes de maladies*, 1577, chap. I.

[107] *Hortus sanitatis*, 1490.

[108] Maladie du cuir chevelu qui provoque une desquamation et la chute des cheveux.

[109] *Trésor universel des pauvres et des riches…, op. cit.*, chap. II.

[110] *Id.*, p. 178.

[111] F. Lebrun, *op. cit.*, p. 29.

[112] Section 6, Aphorisme 5.

Table des matières

REMERCIEMENTS

L'auteur adresse ses plus vifs remerciements à tous ceux qui l'ont aidé
dans cette « enquête » et son illustration. En particulier :
Joël Chertier à Bourges ; le colonel Tournafond à Bernay ;
Marie-Thérèse Gousset à la BnF ;
ainsi que Pierre Lemonnier, Manoir Saint-Christophe,
53800 La Boissière et La Chevalerie de Sacé, 49650 Brain-sur-Allonnes.
Sans oublier les précieux encouragements – et critiques – de mon mari
et ma famille.

Éditeur Matthieu Biberon
Coordination éditoriale Lise Corlay
Collaboration éditoriale Raphaëlle Berthet
Mise en pages Cécile Gibbes
Photogravure graph&ti, Cesson-Sévigné (35)
Impression Mame Imprimeurs, Chambray-lès-Tours (37)

© 2011, Éditions Ouest-France, Édilarge SA, Rennes
ISBN 978-2-7373-5417-5
N° d'éditeur : 6521.01.4,5.06.11
Dépôt légal : juin 2011
Imprimé en France
www.editionsouestfrance.fr